漫娱图书

古 人 很 潮 MOOK 系 列

君自长安来

古潮 编著

长江出版社 CHANGJIANGPRESS 漫娱图书

目录

CONTENTS

大唐诗人初印象

IMPRESSION

陈子昂

唐诗革新家

初唐诗文革新人物之一，代表作《登幽州台歌》等。他没能看到唐诗的春天，但正因他埋下的那颗种子，唐诗才得以破土重生。

张若虚

吴中四士之一

代表作《春江花月夜》，此诗为唐诗开山之作，“一词压两宋，孤篇盖全唐”。他留存于世的诗仅两首，“扬州人，兖州兵曹”这七个字就是关于张若虚的全部介绍。

李白

诗仙

代表作《望庐山瀑布》《将进酒》等。将浪漫进行到底的“酒坛子”，天生有才、大名鼎鼎的他，深夜也会在月下独酌。他那满腹才华，终是和他一起溺亡于酒里。

杜甫

诗圣

代表作《登高》《春望》等。李白的“超级迷弟”，不是在给偶像写诗，就是在给偶像写诗的路上。现实主义精神领袖，怀揣爱国之心，漂泊半生，最后在异乡化作一捧灰烬。

崔颢

黄鹤楼代言人

代表作《黄鹤楼》等。出身顶级门阀士族“博陵崔氏”，早年在花丛中流连，欠了不少情债，后赴边塞，诗风变得雄浑奔放。

岑参

塞外推荐官

代表作《白雪歌送武判官归京》等。两度出塞，所写诗歌气势雄伟、想象丰富。鞍马风尘出英雄，冰天雪地铸奇才。

高适

边塞旅游大使

代表作《别董大》《燕歌行》等。人生没有太晚的开始，人到中年也可以厚积薄发。高适四十六岁才中第，白发苍苍还在为国征战。

王湾

江南代言人

代表作《次北固山下》等。长于北方，却有一颗江南心。凭借“海日生残夜，江春入旧年”一句声名大噪。

韦应物

清新田园派

代表作《滁州西涧》等。早年任唐玄宗近侍，安史之乱爆发后，失职且家道中落，开始发奋读书。诗风自成一派，独具一格，乱世中仍然岁月静好的奇男子。

柳宗元

河东先生

代表作《江雪》《小石潭记》等。政治革新失败后被贬，被贬后写下了千古绝唱“孤舟蓑笠翁，独钓寒江雪”。

刘禹锡

诗豪

代表作《秋词》《酬乐天扬州初逢席上见赠》《陋室铭》等。不是被贬就是在被贬的路上，但天生乐天派，诗风开阔明快，自成一派。

李賀

诗鬼

代表作《李凭箜篌引》《雁门太守行》等。中唐到晚唐诗风转变期的代表人物，家道衰落的宗室王孙，仕途失意，漂泊无依，英年早逝。

杜牧

军事野心家

代表作《赤壁》《阿房宫赋》等。颇有军事才能，才子里的风流客，风流客里的才子。

温庭筠

落魄花间派

代表作《望江南》《商山早行》等。花间派代表人，以写艳情诗词著名。一生坎坷，自屡试不第始，潦倒终身。

李商隐

恋爱学掌门

代表作《夜雨寄北》《锦瑟》。多愁善感，对诗的美感有极致追求，对爱情深情执着，所写爱情诗独树一帜。

初唐四杰大PK

文 / 迟暮

初唐四杰大PK

FOUR OUTSTAN

文/迟暮

京城最大的酒肆。

说书先生拍了拍醒木，台下便有心急的客人问道：“您今儿个，又给咱们说点什么啊？”

说书先生拂须，神秘地笑笑，说：“今儿个，老朽不说书，说说时下才子们津津乐道的几桩趣事儿。”

台下已有人敏锐地猜到了，忙问：“先生要说的，可是那‘初唐四杰’？”

说书先生一乐，随后娓娓道来：“这事起初啊，还得从宋之问先生写的那篇《祭杜学士审言文》说起。先生说唐开国后，‘复有王杨卢骆’，这事儿啊不知怎的便传开了，传到四杰之一杨炯那儿，您猜怎么着，人不乐意了，竟说‘吾愧在卢前，耻居王后’。”

底下乐成一片，有人议论道：“若要我说，杨炯先生的诗词当真不错。字藏心声，为人也甚是敢言，若当这四杰之首，也是可以的。”

此言一出，堂下议论纷纷，大家各有各的看法，场面一时热闹得像是辩论会。

说书先生眯了眯眼，又拍了拍醒木道：“关于四杰的排序问题，其实四杰自己也闹不明白，各有各的说法。有人便提议，不如就以各自的文采作比来定个一二三四。这几位也都是有诗作傍身的，当即就比了起来。”

又有人忍不住插话：“这事儿我依稀听过一嘴，不知是谁对那骆宾王说‘先生既七岁成诗，便拿那《咏鹅》来比’，骆宾王一听，很不服气，据说近日还在琢磨新诗呢！”

话音刚落，便有人问：“当真吗？”

说话之人底气落了几分：“也……听说罢了。”

“吁！”四周嘘声一片。

说书先生笑了笑：“这位看官所言也并非完全不对。那之后啊，四位才子确实是写起了新作，而且佳作迭出。”

酒肆中的气氛更热烈了，大家当下就分成了好几派，各自为自己欣赏的诗人说起了话。

有人说：“论文采，还得是骆宾王，七岁便能写出‘白毛浮绿水，红掌拨清波’，何人能及啊？”

当即便有人反对：“四大才子，哪个不是少年英才了，你且说说，卢照邻的《紫骝马》差在何处啊？‘不辞横绝漠，流血几时干’是何等豪气！”

“如此说来，杨炯的《战城南》不也同样？‘寸心明白日，千里暗黄尘’，仿佛顷刻间就将人带到了边疆沙场之上。”

“若论边塞诗，骆宾王不也有‘城上风威冷，江中水气寒。戎衣何日定，歌舞入长安’这般充满壮志豪情的《在军登城楼》吗？”

原本一直在听堂下议论的说书先生笑着敲了敲醒木，缓缓道：“依老朽看，王勃那句‘海内存知己，天涯若比邻’[1]亦不逊色于谁啊。”

有人拍了拍脑门，接话道：“王勃先生还有一篇《滕王阁序》，那才真是让人心驰神往，‘落霞与孤鹜齐飞，秋水共长天一色’，这般景致若能亲眼得见，该是何等美妙的事情啊！”

1　出自王勃《送杜少府之任蜀州》。

众人好一番争论，但都没有最终的定论。

说书先生也仿佛只是抛出了个引子，任由堂下看官各抒己见。他自顾自呷了一口清茶，目光似有若无地带到二楼一间闭着门却又开着窗的雅间。

堂下仍在议论，最后是个书生模样的小伙子说了句众人都很认可的话：“依在下看，抛开谁首谁末不谈，单看这四位的诗作，在下却看出了些别样的东西。这几位少年成名，诗作工整，声律风骨皆备，所书之景从宫廷至市井，从台阁往江山大漠，豪放刚健，自成风骨，带给在下的启发颇多，心向往之。”

书生一句话说完，众人纷纷点头，大家此刻倒是不争着给四杰排名了，而是细品起这四人的诗作来。

二楼雅间，有人轻笑着斟了一杯酒，举杯对同桌其他三人道：“看来，今日这说书先生的一番点评倒是开了个好头，此刻愚弟也觉得这四杰谁为榜首谁为榜尾亦不紧要。难得的是有人能读懂，有人有所得啊。”

其余几人纷纷一笑，话俱隐于酒中。

初唐四杰，谁为首谁为末，确实已经不那么重要了。世人各有其观点喜好，不变的，是四杰之诗，各有千秋。

第一章 意难平

念天地之悠悠，独怆然而涕下

J U N Z I C H A N G A N L A I

陈子昂

岁华尽摇落，芳意竟何成

文 / 明戈

01

显庆四年，少年出生于梓州射洪一个富贵人家。[1]

少年从会走路起就淘气得很，和另外几个富家子弟一起，天天拿着木剑上房揭瓦，没一刻消停。

街坊四邻都只当他是个不学无术的熊孩子，可少年却站在房顶冷哼一声："本大侠可是要拯救世界的。"

街坊四邻：不仅熊，还中二。

少年对他们嗤之以鼻，因为他的确有个武侠梦。[2]

其父陈元敬曾在粮荒的时候慷慨救济乡邻[3]，特别仗义。少年觉得好酷，可他还小，没法赚钱，所以只能计划除暴安良。不明就里的家人管不住他，寻思他乐意逐梦就逐吧。

少年再长大了些，又喜欢上纵横术，开始拿着一把剑到处溜达，而这种生死有命富贵在天的流浪感……少年眼眶一湿，自己终于有游侠那味了。

"少学纵横术，游楚复游燕。栖遑长委命，富贵未知天。"陈子昂曾在《赠严仓曹乞推命录》里这样回忆道。

结果这位大侠在十七岁时意外伤了人，被抓了起来，最后还是他爸把他捞出来的。

陈元敬："还嘚瑟不？"

陈子昂："爹，我错了。"

02

陈子昂表面上乖乖认错，但其实他也不知道自己错哪儿了。反思整整一周，陈子昂想通了——法制社会，不适合当侠客。

1 《旧唐书·陈子昂传》：陈子昂，梓州射洪人，家世富豪。

2 《陈子昂别传》：始以豪家子驰侠使气。

3 《方舆胜览》卷六十二：陈元敬，子昂之父，瑰伟倜傥。弱冠豪侠。属乡人阻饥，散粟万斛以济贫民。

想到这儿，他忽然觉得有点委屈："我不过是想做个行侠仗义的帅哥，怎么这么难呢？"

陈元敬看他这样，不由拍拍他的肩膀安慰："儿啊，其实侠义不只体现在当侠客上，侠的精神也不只附着在剑上。"

陈子昂一皱眉："那还能在笔上？"

陈元敬微微一笑，高深莫测地捻了捻胡子。

陈子昂："爹，你想让我好好学习就直说。"

03

反正从武这条路已经堵死了，万一爹说的是真的呢，毕竟是亲爹。

最终，陈子昂决定弃武从文。

陈子昂可不是随便说说闹着玩的，既然决定了，那就头悬梁锥刺股，真正地闭门苦读。他告别了那些曾一起吃喝玩乐的旧友，一头扎进了书海里，学百家，钻经史，览群书。[1]

短短几年时间，陈子昂的学识就达到了其他人自幼用功才有的高度。

可自学总不比有老师教，对自己高标准严要求的陈子昂打算去国子监深造一番。

陈子昂离开了梓州，出川入楚，秀丽的景色令他无比欣喜。

船行于三峡之中，层峦叠嶂，远树连天，水汽像烟雾般缥缈荡开，眼前的一切更加如梦似幻。

面对这样瑰丽壮美的景色，陈子昂心情大好，写下了《度荆门望楚》。

遥遥去巫峡，望望下章台。

巴国山川尽，荆门烟雾开。

城分苍野外，树断白云隈。

今日狂歌客，谁知入楚来。

他高喊着："我这狂傲高歌的行客，谁知竟会走进楚中来？"

1 《陈子昂别传》：尝从博徒入乡学，慨然立志。因谢绝门客，专精坟典。

“狂歌客”是指春秋时的楚人陆通，他佯狂避世，甚至还敢讽刺孔子[1]，因此被称为楚狂。陈子昂一时激昂澎湃，便以他自比。

船夫：“您是？”

他酷酷一笑：“我叫陈子昂。

“一年后，这会是榜首的名字。”

04

次年，陈子昂落第。

“学艺不精，学艺不精。”他安慰自己道，“来年二战，一定上岸！”

陈子昂又开始挑灯夜读，经过他的不懈努力，他的文章写得越来越好，甚至有司马相如的风骨。[2]

永淳元年，意气风发的陈子昂再次进京应试，但再次落第。

多年辗转与屡战屡败，终于让斗志昂扬的陈子昂犹豫了，甚至在《落第西还别魏四懔》里动了归隐的念头。

转蓬方不定，落羽自惊弦。

山水一为别，欢娱复几年。

离亭暗风雨，征路入云烟。

还因北山径，归守东陂田。

可不过几日，陈子昂就扬起头颅，再次振作精神：“没关系，再战！侠客是不会轻易倒下的！”

春夜宴会上，明月初升，陈子昂不甘心地向好友诉说自己志向：“清冷花露满，滴沥檐宇虚。怀君欲何赠，愿上大臣书。”[3]

1 《论语·微子》：孔子适楚，楚狂接舆歌而过孔子曰：“凤兮！凤兮！何德之衰？往者不可谏，来者犹可追。已而，已而！今之从政者殆而！”孔子下，欲与之言。趋而辟之，不得与之言。

2 《陈子昂别传》：数年之间，经史百家，罔不该览，尤善属文，雅有相如、子云之风骨。

3 出自陈子昂《春夜别友人二首（其二）》。

文明元年。

春寒料峭，花瓣间满是清冷的露水，屋檐的水珠也滴答滴答落个不停，一切都是离别的气息。

友人在身后挥着手，陈子昂再次背起行囊。既然选择拿起笔，那便不能放弃。要去做个贤臣，为国家献书论政，建功立业。

陈子昂深吸一口气，踏上了征途。

船夫："你又来啦？"

05

这一次，命运终于站在了他这边，陈子昂进士及第。

他上书《谏灵驾入京书》，武则天看过后大为震惊，夸赞他"地籍英华，文称暐晔"[1]，赐官麟台正字。

后来，武则天准备取道雅州讨伐生羌，陈子昂又昧死谏阻，遂升右拾遗。

陈子昂不仅在政治上尽心竭力，对诗歌文化也是如此。

入朝为官以来，陈子昂发现这些宫廷诗人奉行的，皆是"彩丽竞繁，而兴寄都绝"的齐梁之风，不仅题材十分狭窄，多吟咏风云月露，形式上也"竞一韵之奇，争一字之巧"[2]，辞藻巧艳，纤弱雕琢——既是形式主义，又是靡靡之音。

这岂是刚健正气的陈子昂能忍的？

陈子昂当即写下这篇掷地有声的《与东方左史虬修竹篇序》：

"东方公足下：文章道弊五百年矣。汉魏风骨，晋宋莫传，然而文献有可征者。仆尝暇时观齐、梁间诗，彩丽竞繁，而兴寄都绝，每以永叹。思古人，常恐逶迤颓靡，风雅不作，以耿耿也……解君云：'张茂先、何敬祖，东方生与其比肩。'仆亦以为知言也。故感叹雅制，作《修竹诗》一首，当有知音以传示之。"

1　出自《唐才子传·陈子昂传》。

2　出自李谔《上隋文帝革文华书》。

即便是继承传统，诗也不该是齐梁之风，而应是风雅兴寄，汉魏风骨。唯有批判现实，情感充沛，刚健充实，诗歌才有真正的价值，才有血有肉。

这篇文章宛如他手中的利剑，直直斩向陈腐的诗风。在他的肃清下，新唐诗的萌芽得以继续生长。

06

任职期间，陈子昂坚守自己的准则，从不徇私枉法。

当时同州下邽人徐元庆的父亲被县尉赵师韫所杀，后来元庆隐姓埋名，杀了升官为御史的赵师韫报仇。很多人觉得元庆孝顺，想赦免他。可陈子昂认为应赏罚分明——杀人便要处以死刑，但可以为他立牌坊褒奖他的孝行。[1]

有人指责陈子昂冷酷无情，以命抵命又如何？

陈子昂却面色凝重，厉声道："这无关江湖道义，而是法不可违。"

除此以外，陈子昂因直言进谏也得罪了不少人，但他从不怕别人报复，就连酷吏治国的武则天他都敢尖锐抨击。

"若连这点胆量都没有，还做什么谏官？"陈子昂如是道。

圣人不利己，忧济在元元。

黄屋非尧意，瑶台安可论。

吾闻西方化，清净道弥敦。

奈何穷金玉，雕刻以为尊。

云构山林尽，瑶图珠翠烦。

鬼工尚未可，人力安能存。

夸愚适增累，矜智道逾昏。[2]

元元即为百姓，作为皇上，自是应该将全部心思放在百姓身上。可惜当今圣上

1　《旧唐书·陈子昂传》：陈子昂曰："国法专杀者死，元庆宜正国法，然后旌其闾墓，以褒其孝义可也。"

2　陈子昂《感遇诗三十八首（其十九）》。

穷尽黄金美玉铸刻雕像神化自己，劳民伤财兴建佛堂庙宇，百姓明明苦不堪言竟双耳不闻。

陈子昂毫不留情，字字直指这些荒唐行为。

陈子昂不是没颂扬过武则天，那篇《大周受命颂》便是最好的证明。只是面对现今皇上奢靡淫逸、武三思等外戚飞扬跋扈的局面，他做不到不发声。

后来，他因受“逆党”的株连而被下入狱中。

07

垂拱二年，陈子昂离开京城，随左补阙乔知之的军队去了西北。

陈子昂站在高处，粗粝的风沙刮在他的脸上。他闭上眼睛，感觉心中有什么东西忽然动了一下。

本为贵公子，平生实爱才。

感时思报国，拔剑起蒿莱。

西驰丁零塞，北上单于台。

登山见千里，怀古心悠哉。

谁言未忘祸，磨灭成尘埃。[1]

他本是富家公子，可以养尊处优享受一生，可选择了读书科举这条道路，只为了报效祖国。

儿时拔剑不过是为了装酷，觉得做大侠帅气，可现在再次拿起宝剑，却是真真正正地上阵杀敌。

但走上战场的陈子昂发现，这里缺乏精兵强将，边陲的百姓常白白受死，国家也并不十分重视抗击突厥。那些历史留下的祸乱悲痛，似乎都化作了烟尘，消散在西北的风里。

“然则匈奴不灭，中国未可安卧亦已明矣。”[2]

1 陈子昂《感遇诗三十八首（其三十五）》。

2 出自陈子昂《为乔补阙论突厥表》。

陈子昂一连上书《为乔补阙论突厥表》《上西蕃边州安危事》等，针对危机四伏的边塞形势提出自己的见解，并不断强调抗击突厥的重要性。

08

通天元年，镇守松漠总督李尽忠、孙万荣叛变，契丹人趁此作乱。

面对已经沦陷的幽州营州等地，武则天竟选择让建安王武攸宜统军征讨。

武攸宜是她的侄子，一个只会玩乐的少爷，轻率又没有军事才能。选择这样的公子哥带兵，能有什么好结果？

果不其然，没过多久便前军陷没，军心涣散。

这时，陈子昂站了出来："乞分麾下万人以为前驱。"[1]

因为先前有抗击突厥的作战经验，陈子昂想上阵为国出力。可武攸宜嬉笑着说，你不过是个书生，哪有能力。

被人这样嗤笑怀疑，陈子昂握笔的手微微发抖。半晌后，他却又提起那支笔，指节发白地上书，再次请求出战。但他换来的仍是武攸宜的断然拒绝，甚至还因他频频上谏，将他贬为军曹。

前不见古人，后不见来者。念天地之悠悠，独怆然而涕下。

陈子昂在幽州台上，感慨悲吟下了这首《登幽州台歌》。

回望过去，看不到那些贤明君主。

向后遥望，也看不到未来的英杰帝王。

天地悠悠，浩瀚宇宙，自己孑然站在中间，悲戚落泪。

对比化用的《楚辞》中的"往者余弗及兮，来者吾不闻"，整首诗更加苍劲有力，气势雄浑。短短二十二字间，宇宙与时间都瞬时拉远，化为一张苍茫无垠的幕布，而报国无门的悲伤，在其中更显无力孤独。

1　出自《陈子昂别传》。

09

圣历元年，陈子昂的父亲陈元敬被县令所侮辱，陈子昂听说后立刻回到家中侍奉。[1]可没过多久，陈元敬便离世了。

陈子昂还未走出悲伤，县令段简便又对他出手，设计将他下入狱中。[2]

陈子昂知道，自己尚有家财，这么多年直言进谏想必也得罪过不少权贵，不知背后是哪位高人想要他性命。

他坐在肮脏的狱中，回忆起儿时为侠的梦想，不禁自嘲地笑了笑。

10

久视元年，陈子昂死于狱中。

到最后，他似乎也没成为他想象中的大侠。

可是……

“没关系，再战。”

“诗该有汉魏风骨，不是齐梁之风。”

“这无关江湖道义，而是法不可违。”

“若连这点胆量都没有，还做什么谏官？”

“乞分麾下万人以为前驱。”

陈子昂的字字句句，他打不倒的执着、清正的风骨、刚健的诗词、为国赴死的胆量……又有哪一样不是侠客精神？

那个以笔为剑的少年，从一开始便是大侠。

1 《旧唐书·陈子昂传》：子昂父在乡，为县令段简所辱，子昂闻之，遽还乡里。

2 《旧唐书·陈子昂传》：简乃因事收系狱中，忧愤而卒，时年四十余。

张若虚

愿逐月华流照君

文 / 清夜月

“若我为文著篇，当流芳百世。”

“所著何为？”

“楼上春风，湖中明月，天地盛景，虚白泰然。”

所有人都曾是少年，张若虚也并不例外。

他生于扬州，长于扬州，古称最为旖旎的江南之地。

烟水溟濛与他为墨，春雨淅沥伴他成歌，心性纯稚的孩童便是在这样的地方长成了白衣翩翩的少年，才气高绝，文辞清丽。

所有人都说，这孩子身上，天生便有烟水精魂。

但少年张若虚是不信这些的。

他爱诗，爱词，爱缠绵悱恻的形容，爱和鸣铿锵的韵致——却偏偏不爱这养育出他的温柔乡。

男子汉大丈夫，既生于此世，即便不能枕戈待旦，铁马征伐，也要得文章气象，笔走明光。

所有人都劝不住他，于是那位少年在春日离开了他的家乡。

那时的扬州，正是一年中最美的时候，草色凝碧，柳风如烟。但这些都绊不住他的脚步，他雇了一艘船，径自要往上京去。那里才是他的天地。

从扬州到上京，水路要走十数日。

有一夜，他泊舟芦花之中，抬头恍见天中满月，光色如银，四下的芦荻都被映照得如同柔软细雪。他下意识地伸手去掬，却只捧得一片冰凉的水。

此情此景，正可为诗。

少年张若虚倚在他系舟的树下，衣袖沾了泥，他却浑不在意，只勾着手指在地上比画，想着该如何形容这月，是用镜，还是用银？

他一边念叨一边比画，突然间有东西从树上掉下来，啪叽砸在了他头上。他下意识地“哎哟”一声，捡来一看，是颗不大不小的青杏。

原来有人眠于树上，被他扰了清梦，正在气头上，便用杏子砸他。

张若虚盯着那被他吵醒的、与他年岁相仿的少年，却也不恼，只喃喃地问：“你觉得今夜月色，如何形容好？”

“我好你个大头娃娃！”那少年应是这附近的樵子，被他吵得心气不顺，气哼哼地翻下树来走了。

他提着柴的背影落在张若虚的眼里，突然让他想起什么，不禁拊掌高呼：“有了！有了！”

此夜月色清冷，正如那人腰间的镰刀。

当然，这只是他旅途中一些小小的插曲。但这个痴狂劲儿，一直到他到了上京许多年后也仍未改掉。

那时候他已有了一些朋友，其中又以贺知章、包融和张旭为最。几人年岁相仿，又都出身吴越之地，诗文动人，甚至有好事人给他们起了“吴中四友”的称呼。

第一次听到这个称呼的时候，张若虚细细地在口中将这几个字咀嚼几遍，吴中，吴中……

上京明月旖旎，春日繁丽，但他已有许多年，未曾回过扬州了。

他同好友们说起这些，众人皆有所感，举杯同饮，他们本都是客乡之人。

“兄虽去家已久，诗中风物，却总有扬州气象。”友人笑道，“读之若见他年景。”

其他人也纷纷称是。彼时已不再是少年的张若虚，若有所思地摩挲着酒杯，并不说话。

酒尽兴酣，众人散去，独他一人坐在高楼上，忽地发现，今日亦是满月。

月光漫入堂中，正映在窗畔那一幅《望海潮》的绣屏之上。酒味上了头，他一时间竟觉海潮兴咏，明月生波。

张若虚如同从梦中惊醒一般。

少年时的他，亦曾想文动天下、笔底伏波，为此他离家去乡，来了上京。这么多年过去，官虽然不大，但也做过；诗书虽然不精，但仍写着——只是他突然发现，他缠绵上京已久，写尽了时人所爱，亦曾慷慨悲歌，却再未曾写过幼时扰他心弦，促他提笔的那一段明月。

“春江潮水连海平，海上明月共潮生……”他喃喃自语，提笔落墨，“滟滟随波千万里，何处春江无月明。”

写下那些字句的时候，他无可避免地想起了扬州的春风，三月桃花，春江水暖。

故乡的月是轻薄的，柔软如同逐水的梨花，又像是少女欲语还休的眸。

但他想要的更多，那年他顺流而下，独行上京，也曾胸怀风云气象，也曾期待笔走龙蛇。

可世间万物，总各有缘法。

上京有位老和尚，是他在兖州做兵曹时结识的老友，后来佛寺被毁，两人又在上京辗转相逢。

老和尚在自己的枯庵中摆茶待他，两人说起相别离法，相逢缘法，说到兴致处，那老和尚说：“着人情离散，便也罢了。贫僧所观，施主虽醉心诗文，但诗歌缘法未必在此世此时，此生此处。”

那时他听了，总觉得有些对方在说自己生不逢时，便也没接这句话，只径自又斟了一杯茶。

此时此夜，他忽然又想起当年那段对谈，恍惚又觉得，生不逢时又如何呢，不辜负这一段风月便是。

“江流宛转绕芳甸，月照花林皆似霰。”张若虚又写下一句。

友人喝醉的时候总笑他，说他应非当世之人：“如今气象方兴，万物未及兴发……但兄行文笔墨，已是春盛之境。

“歌诗应当世啊，歌诗应逢时。”

张若虚其实不太会反驳别人，但心里又隐隐地觉得，是什么时候的诗又有什么紧要呢？

他是张若虚，他只想写这样的诗。譬如“人生代代无穷已，江月年年只相似”，又譬如“此时相望不相闻，愿逐月华流照君”。

写到这里的时候，他心想，也许是时候该回去看看了。

他的诗最终还是写完了。写的是春月，是海潮，是花中景；也是梦中人，是他少年的向往，是他的寄托。

又或者，他生来便是要写这样一首诗的，不然为何他一直周游天地，心觉空茫无所依，却偏偏在这一篇《春江花月夜》定墨之刻，恍惚有了已至归处的感觉？

他将诗交给相熟的书肆老板，又与众友作别，独自一人，沿江泛舟而去。

从此天地间少一诗客，朝暮之间，多一月色。

再后来的事，其实已经与张若虚没什么关系了。

他写了许多诗，却只有《春江花月夜》与另一首玩笑般的《代答闺梦还》留了下来。

当然，他那些朋友也没比他好到哪里去。也许是时岁本就不适合他们那样的诗人，也许再晚些、再晚些……

但有《春江花月夜》，对张若虚来说，已是极好了。

甚至在一千年后，还有人仿他的《春江花月夜》，作《秋窗风雨夕》。

他写“江畔何人初见月，江月何年初照人”，那人和作“谁家秋院无风入，何处秋窗无雨声”；

他写“昨夜闲潭梦落花，可怜春半不还家”，那人和作“罗衾不奈秋风力，残漏声催秋雨急”；

他写“不知乘月几人归，落月摇情满江树”，那人和作“不知风雨几时休，已教泪洒窗纱湿”。

隔世相和，便应如此。

话说回来，在刚刚离开扬州的那些年，也许张若虚并不打算成为一个飘摇的影子。后世关于他的记载只有寥寥数语，提及更多的是他的诗，说他的诗文辞清丽，意象超尘，“孤篇盖全唐”……

但又或者，到了最后，这其实就是他想要的。

张若虚此人是谁又有何妨？

他已是山，是海，是澹荡春风，是江边月色。

他深爱诗，此时如他少年所愿，他已永在诗中。

人生代代无穷已，
江月年年望相似。

李白

人生得意须尽欢，莫使金樽空对月

文 / 迟暮

01

春色正好，山峦叠翠，飞鸟悠悠展翅天际。骄阳之下，小小孩童拿着一把竹子做的小剑，身姿潇洒，顺势挽了一个有些草率的剑花。

一身白色素衣衣袂飘飘，抛开尚有稚气的脸，他倒也有几分仙气。偶有过路樵夫，看见孩童在此练剑，轻笑一声："李家少年郎，又在做着御剑寻仙的梦呐。"

被樵夫说笑的李白悠然收起了手上的剑，并不反驳，他本就是向往这些的，家中大人让他诵读的那篇《子虚赋》早就在他心中种下了一枚种子，让他对其中描述很是向往。

日复一日，李白在当地有了些许名声，倒不是因为他对御剑寻仙的向往，而是因为他打小就藏不住的才华，令人不得不对他刮目相看。

慢慢地，大家都知道，李家有个少年郎，十岁时便读诸子百家，通诗书。十五岁的时候，李白已经写了许多诗篇，颇受一些社会名流的推崇和奖掖。

对于这些夸奖，李白很不在乎，他可是有自己的梦想的呢。他的梦想也很简单，要得一手好剑术，做个酷酷的任侠，然后再拥有一匹好马。毕竟世界那么大，他得去看看。

但是吧……梦想虽美，学业第一。还是得把书先读好，才能四处乱跑。

于是年少的李白隐居专心学习，偶尔也跑跑偏，趁着读书的时候爬一爬周围的山。

"都到戴天山了，不去寻访山中修行的道士？那不能够！"李白如是想。

只可惜，山是爬了，却没遇到自己想见的道士，李白心生遗憾，写了首《访戴天山道士不遇》：

犬吠水声中，桃花带露浓。

树深时见鹿，溪午不闻钟。

野竹分青霭，飞泉挂碧峰。

无人知所去，愁倚两三松。

大概李白自己也想不到，一句"树深时见鹿"居然火到了现在。

02

深山游学的日子过得飞快，李白也从少年长成了青年，大抵是感受到了时代的召唤，李白意识到，他得去好好干一番事业了。

怀着这样的雄心壮志，李白提笔写下《别匡山》：

晓峰如画参差碧，藤影风摇拂槛垂。

野径来多将犬伴，人间归晚带樵随。

看云客倚啼猿树，洗钵僧临失鹤池。

莫怪无心恋清境，已将书剑许明时。

“我已决心将我的文才武艺全都投入到政治清明的时代，开创一番事业。”李白踌躇满志，辞别家人，踏上了他无数次畅想过的寻梦之旅。

云梦泽是肯定要去的，李白在地图上圈下这个从小就向往的地方，一路向南。

这一路上，从峨眉到江陵，游洞庭，戏广陵，李白用自己的双足丈量世界的广度，用双目与诗词，记载世间美景。《登峨眉山》《峨眉山月歌》《望天门山》等诗作无不透露着八个大字——“仙气飘飘，浪漫洒脱”。

只是啊，纵然远游之梦已然成真，李白有时候也不免感到有些惆怅。

是夜，李白为自己斟了杯酒，一壶饮尽却依旧毫无睡意。他踱步走向卧榻，地面青砖之上，雕花木窗切割着皎白月亮的光影，李白轻叹一声：“床前明月光，疑是地上霜。举头望明月，低头思故乡。”[1]

再浪漫的诗人，再恣意的任侠，也是会想家的啊。

03

好在李白这一段旅程也不全然是孤单的，旅途匆匆，遇见的不仅仅是秀丽山河，亦有知己好友。

二十六岁这年，李白结识了孟浩然，两人饮酒唱和，携手一揽世间风华，竟发现他们的追求与性情格外相似。

1 李白《静夜思》。

“吾爱孟夫子，风流天下闻。”

李白的这首《赠孟浩然》是两人相识多年后李白途经襄阳，专程拜访孟浩然却不巧遇孟浩然外出游玩时，遗憾所作。彼时孟浩然已近暮年，官场沉浮一遭，经历令人唏嘘，但他处世的那份豁达令李白很是赞赏与认同。

除了《赠孟浩然》，李白写给孟浩然的另一首诗《黄鹤楼送孟浩然之广陵》也格外出名：

故人西辞黄鹤楼，烟花三月下扬州。

孤帆远影碧空尽，唯见长江天际流。

李白笔下的离别总是格外浪漫。此刻的李白尚是年轻快意的青年人，既向往烟花三月的扬州，也向往陶醉在山水之间、自由且愉快的孟浩然。

“世人总说离别伤感，但这场离别是愉快的，因为我的故人要去一个很美的地方，我替他开心。”李白这般想着。

04

到底是年华正茂又富有才华的人，李白自然也有一颗入朝为官建功立业的心。只可惜，一晃到了三十岁，李白的生活却算不上顺遂，遭人谗言诽谤，自白无果，欲谒见王公大臣以谋前程，也是徒劳。

永辞霜台客，千载方来旋。

一首《安陆白兆山桃花岩寄刘侍御绾》，在对桃花岩极尽华丽的描述下，暗藏着李白在长安未遇而归，报国无门的复杂感情。

愁啊，家中有妻儿，胸中有壮志，本该令妻儿衣食无忧，本该让满腔热血都找到最好的归处，偏偏穷困潦倒于长安。

“罢，此生便如此吧。”李白自暴自弃，和长安的市井之徒成了朋友。

可就如此自我放逐吗？心中的那些壮志，便就这般泯然于长安街头的劣酒之中？

到底是不甘的，于是他写下了《行路难》：

金樽清酒斗十千，玉盘珍羞直万钱。

停杯投箸不能食，拔剑四顾心茫然。

欲渡黄河冰塞川，将登太行雪满山。

闲来垂钓碧溪上，忽复乘舟梦日边。

行路难！行路难！多歧路，今安在？

长风破浪会有时，直挂云帆济沧海。

李白饮尽杯中酒，告诫自己，即使失意，也不能泯灭心中希望。

05

终于，转机在开元二十二年元月出现了。

李白为唐玄宗献上《明堂赋》，书尽开元盛世的繁华盛景，潜藏自己的政治理想。次年他又献上《大猎赋》。

之后，李白先后得到了贺知章和玉真公主的赏识。在二人的称赞之下，李白也收获了当朝天子的赏识，供奉翰林，为天子写诗文。

得天子重用，以往的那些郁郁不得志也变得不再重要。可官场又岂会像诗人的世界那般纯粹与美好。

“酒是好物，我对这御用文人的生活越发厌倦，唯有在酒中沉醉，方能找回片刻快乐。”

李白常常醉酒作诗，喝高了甚至让天子身边的宠臣为他脱靴。他不屈于权贵，亦不受拘束，最终也不容于权贵之眼。纵然有天子恩宠，他到底成为了别人眼中难容的存在。

胸怀珍宝，便易引来恶狼。帝王的珍视，是荣耀，也是旁人嫉恨的来源。

谗言终究让天子开始疏远李白，唐玄宗赐金放还。李白才情已闻名于天下，但终究怀才不遇，离开了朝堂。

君不见黄河之水天上来，奔流到海不复回。

君不见高堂明镜悲白发，朝如青丝暮成雪。

人生得意须尽欢，莫使金樽空对月。

天生我材必有用，千金散尽还复来。

“抱用世之才而不遇合，但我并不是泛泛之辈。我有我的才情、我的骄傲，怀才不遇又有何惧！”

李白在醉酒中作下这首《将进酒》，说的是他的桀骜，他的尊严，他的自信。

大抵世间能如此狂放清高却毫不违和之人只有李白，他的酒中诗，亦是他的心中事。

06

李白又变成了那个或隐居山林或四处游走的李白。只是和年少时不同，此时的李白人至中年，名声在外，早已看遍世间，经历万千。

唯一不变的，大抵是他诗中那永存的浪漫，他的酒和他的剑术。

天宝三年，李白在洛阳遇到了杜甫，后又在梁宋认识了高适。世间大抵唯有知己最能安抚李白那颗郁郁不得志的心，三人把酒言欢，畅谈天下事，也同样为国家的未来心生忧患。

可忧患又如何，李白的诗作可以抒发他的大志，却撼动不了权贵的地位。

长安那仅仅一年多的春风得意，终究成了过往，由布衣到卿相的向往终究成为梦幻。或许回到东鲁，在家中安宁度日是最好的选择。

但他是李白啊，那个胸中藏着大乾坤的浪漫诗人。

“安能摧眉折腰事权贵，使我不得开心颜！[1]”李白长叹一声，潇洒地踏上了他全新的旅途。

07

就这般时而隐居，时而游玩，李白也已年过半百。

开元盛世不再，安禄山的野心初见端倪。李白还是浪漫的诗人，纵然远离朝堂，

1 出自李白《梦游天姥吟留别》。

却始终放不下对家国的牵挂与忧心。

他因安禄山的野心登黄金台痛哭，因天子失权对国家前途忧心忡忡。

最终，一场安史之乱让曾经的开元盛世陷入动荡。

想起两三年前自己到达幽州的时候，即使已经五十二岁，还有学习骑射立功边疆的想法，此时的李白看到安史之乱下百姓无奈逃亡。民不聊生的惨状，只剩下唏嘘与无奈。

时年动荡，李白携妻南奔，一路但见原本的盛世大唐狼烟四起，百姓流离失所，心中哀痛难忍。

“这战乱，苦的终究是百姓啊。”李白心生感慨，杯中之酒竟也泛起苦来。

谈笑三军却，交游七贵疏。

仍留一只箭，未射鲁连书。

《奔亡道中》字字句句无一不透露出他的失意与不甘。

而后，李白等来了一位使臣。

使臣来了三次，都对李白道：“永王璘欲平天下之乱，特请先生入幕相助。”

李白终于被请动，却不知于他而言，这注定是一条取祸之道。

李白踌躇满志，以为可以一展抱负，但永王有心反叛，兵败之后，李白迎来了他这一生中最黑暗的时刻。

08

那个曾在帝王身侧风光无两的大诗人，朝夕之间成为了浔阳的阶下囚。

“我分明是想要平灭叛乱，让黎民免受战乱之苦，何以成了罪人？”狱中的李白悲愤又焦急，从未有哪一刻如此时这般急切地想要为自己辩白。

最终，在宋若思和崔涣的襄助下，李白清雪出狱。

彼时李白已年近花甲，与年岁渐长一同而来的，还有谁都躲不过的老弱。卧病宿松，而后被判流放夜郎。

这一路上，说不清多少愁绪都藏于酒中。但行至白帝城时，那一纸赦令突来，李白心中的苦闷一消而散，他又变回了那个胸有乾坤，恣意洒脱的诗仙。

朝辞白帝彩云间，千里江陵一日还。

两岸猿声啼不住，轻舟已过万重山。[1]

人已老，心却从未言败。

近六十岁的李白和二三十岁的他并无不同，那颗想要建功立业的心，仍在胸腔之中怦怦跳动。

只可惜，他再遇到不到那样的机缘了。

09

“先生怎又饮酒了？如今先生还需静养，这酒还是戒了吧。”

李白笑着轻轻隔开欲取走他酒壶的手，像个固执的老头，一杯又一杯地灌酒下肚。

“还是醉着好啊。”李白喃喃自语。

醉了，仿佛他就不是那个世人口中的大诗人，也不是那个怀才不遇空有抱负的李白。

世人皆知李太白，谁知太白心中憾？

“人生得意须尽欢，莫使金樽空对月。”

也许只有杯中酒、天上月才知太白心中憾。

1　李白《早发白帝城》。

李白带你画地图

HUADITU

文 / 夏眠

先亮身份，我叫李白，出生在碎叶[1]，从 25 岁开始游历中国，每天霸占社交平台步数榜榜首。古代名人朋友圈能和我一较高下的只有：司马迁、玄奘、郦道元、徐霞客。本人没什么具体工作，主要就是游历四方。别问，问就是家里有金山、老婆是富婆、金主是皇帝。现在开博，安利下我感兴趣的地方。

喝酒打卡路线图

别人都喊我诗仙，但我更喜欢你们叫我酒中仙或者酒仙翁，哪里有好酒哪里就有我李白。我喝过这么多，推荐三种酒，江苏南京的金陵酒、山东曲阿的兰陵酒和江苏新丰的新丰酒。

江苏南京的金陵酒，好喝到我愿意拿紫绮裘交换。[2]提到兰陵酒，让我想起据说现在的兰陵改名叫枣庄，那高长恭不就从兰陵王成了枣庄王了，这么接地气！兰陵

1　《李太白年谱补正》，吕华明、陈安庸、刘金平著，北京：中华书局，2012 年。

2　李白《金陵江上遇蓬池隐者》：解我紫绮裘，且换金陵酒。

不仅酒好喝，酒具也讲究，“兰陵美酒郁金香，玉碗盛来琥珀光”[1]大家都会背，我就不多说了。

最后是新丰酒，上次我推荐新丰酒的时候，两个粉丝在留言区吵起来了，这次我做个澄清。我说的新丰，不是汉高祖刘邦划封的新丰县，我推荐的是南国新丰酒，江苏新丰的酒肆可谓一条龙服务，不仅卖酒还卖歌。《效古二首》《结客少年场行》《出妓金陵子呈卢六其二》都是我喝了新丰酒后有感而发写下的。

美食打卡路线图

有许多女生表示自己不喝酒，那我就写个单纯的逛吃逛吃路线。我是个无肉不欢的人，素食主义者可以去找几百年后的佛印聊聊。

说起肉，首选四川江油的鸭子、湖北安陆的鸡、河南开封的牛羊和山东的生鱼片。

四川江油那地方我待了很久，自从我五岁离开碎叶后，我就一直住在四川江油，住到了十八岁，我对江油有很深的情感滤镜。江油最赞的还是焖蒸鸭子，我还自行开发了新吃法，在焖蒸鸭子里放入百年陈酿花雕、枸杞和三七等调味，并推荐给了唐玄宗。唐玄宗非常喜欢，把这道菜改名为“太白鸭”。

后来我来到湖北，兜兜转转许久，最后在安陆隐居多年，娶妻成家。安陆的鸡当真是一绝。据说，我走之后，当地人因为我在长安当了翰林，把这道菜取名叫“翰林鸡”，这到底是蹭翰林的热度还是蹭我的热度？

河南的牛羊肉都很好吃，“烹羊宰牛且为乐，会须一饮三百杯”[2]，唐代的牛羊肉有蒸的也有烤的，可以蘸着酱料吃，如果嫌味道太冲，就喝酒去去味！

山东出产一种鱼，叫赤鳞鱼，非常珍贵。我和唐玄宗“一拍两散”后，山东中都有个官员是我的铁杆粉丝，他给我送来了两条鱼。据说这鱼特别难饲养，但绝顶好吃。我想了想，这么好的鱼拿来蒸煮都太浪费，干脆切成生鱼片了。“鲁酒若琥珀，

1 出自李白《客中作》。
2 出自李白《将进酒》。

汶鱼紫锦鳞”[1]，我可从来不骗人！

上山下水路线图

我一生中去过八十多座名山，什么样的山我都爬过。

庐山很早便出名了，我第一次和唐玄宗闹翻时，跑去庐山散了散心，还写了两首诗。第二次和唐玄宗闹翻，我又跑去庐山，写了两首诗。没多久，我为了避安史之乱，干脆跑去庐山隐居了。最后一次登庐山，我已白发苍苍，不再意气风发啦，但我对庐山的喜爱不减当年。

泰山我这辈子就去过一次，但是一去就待了四个月，《游泰山六首》不知道是不是已经加入了你们义务教育阶段的“背诵军团”。但泰山绝对好玩，记得去封禅台看看，有闲钱可以尝尝赤鳞鱼，钱不够可以学我拿衣服换。

嵩山有座中岳庙，我的朋友元丹丘就住在庙里，他可是神仙一样的人物。我每次去嵩山，他都十分热情，搞得我都有点不好意思了。

有一座山，我一直想爬，却从没爬上去——蓬莱山。我在安陆隐居的时候想去蓬莱山，去泰山的时候也想去蓬莱山，在江苏时候还是梦想去蓬莱山，但它未曾在海上出现过。

看书的哪位友友要是有幸见过蓬莱山，麻烦报下坐标。李某感激不尽，愿意专门为你赋诗一首！

阅读 10 万 +　　　　1654

1　出自李白《酬中都小吏携斗酒双鱼于逆旅见赠》。

杜甫

寒屋布衾独冻死，亦作尘间悲悯人

文 / 明戈

01

正值八月，杜府后院的果树郁郁葱葱，几枝坠着梨子的翠色伸到了院墙外头。

崔尚抬头看了看，思索了一番才抬步迈进杜家大门。虽说他今日前来拜访之人比自己小不少，但还是有点紧张。毕竟这个叫杜甫的不是普通的少年，就连李邕、王翰这样的长辈都曾屈尊来交谈，皆因这少年诗写得太好，简直是天才版别人家的孩子。

杜甫曾在《壮游》里回忆自己的少年时期：

往昔十四五，出游翰墨场。

斯文崔魏徒，以我似班扬。

七龄思即壮，开口咏凤凰。

九龄书大字，有作成一囊。

“如此天骄，定身姿不凡，仪表稳重。看其诗，许是少年老成……”崔尚正在内心想象，突然眼前一道黑影蹿过，而后直接上了树。其身形之快，崔尚都被闪得一愣。[1]

“何人？”懒洋洋的声音从树冠上传来。

崔尚抬头望去，只见一着黛青圆领袍衫的少年正坐在那里，发丝被枝叶勾得凌乱，手中握着梨子，狭长的眸子微微眯起，眼里满是张扬不羁。

崔尚没反应过来，拎着礼品老老实实说了来意。少年点了点头，而后扔给崔尚一个梨。

“这是……”

少年帅气地一挑眉：“回礼，天骄请你吃梨。”

02

崔尚从没想过自己敬仰许久的天才不仅诗写得好，上树更溜。而杜甫自己也没

1 杜甫《百忧集行》：忆年十五心尚孩，健如黄犊走复来。庭前八月梨枣熟，一日上树能千回。

想到，原来大家背地里给他立的是稳重好学生人设。

杜甫很不开心，自己风华正茂帅气多金，竟被当成四平八稳的宅家书呆子。都开元盛世了，怎么还有这种迂腐的刻板印象？

终于有一天，杜甫把梨一扔，骑上了宝马，披着日暮霞光，扬鞭急驰。

“让你们看看什么才是真正的天骄。诗和远方，我全都要。”

“驾！”

03

就这样，杜甫踏上了旅途。

他先去郇瑕浪了一年，而后又去吴越吃喝玩乐了三年，把游览人间的潇洒驴友人设立得足足的。其间他结交了众多好友，虽说这些人都不怎么厉害，但念着“诗是吾家事”的杜甫并不在意。

朋友牛不牛不重要，自己牛就行。

这时，已经二十三岁的杜甫登上行程里的最后一座高山。他看着流向天际的滔滔江水，负手而立，意气风发。玩也玩了，现在……

“该干点正事了。”杜甫淡淡开口。

毕竟作为天骄，自己满腹的才华不献给大唐，简直是国家的严重损失。

下山后，他便直奔故乡，参加乡试。要说天才就是不一般，这种小考试动动手指就过了。一年后，正当杜甫雄赳赳气昂昂来到洛阳，打算在进士考试里大杀四方时，却遭当头一棒，遗憾落第了。

友人怕他禁不起打击，连忙前来安慰他。杜甫却大手一挥：“无妨，既然落第，不如趁此机会去兖州省亲，看看我父亲。”

友人心道：你那是去看爹吗，不是趁机去玩？心真大啊……

杜甫在兖州写下的《登兖州城楼》也彻底出卖了他：

东郡趋庭日，南楼纵目初。

浮云连海岱，平野入青徐。

孤嶂秦碑在，荒城鲁殿馀。

从来多古意，临眺独踌躇。

友人说得没错。杜甫本着心有多大，舞台就有多大的原则，又裘马轻狂了四五年。毕竟是金子总会发光的，不差这一时半会儿。

终于，在五岳之首，泰山之巅，潇洒先生杜甫写下了那首壮志凌云的《望岳》：

岱宗夫如何？齐鲁青未了。

造化钟神秀，阴阳割昏晓。

荡胸生曾云，决眦入归鸟。

会当凌绝顶，一览众山小。

衣袂飘飘的杜甫站在山顶，感受着白云层层升腾，涤荡胸怀。归鸟盘旋，景色瑰丽秀美，让他不禁将眼睛睁到极点。

在这样气势雄浑的山巅，杜甫发出众山皆小的感慨。这豪情万丈的一句诗，不仅在夸泰山宏伟，更是在呐喊着自己的壮志——“窃比稷与契”[1]，为万世开太平。

杜甫绝不是因为气氛到了，开始口嗨吹牛，他的确就是这么想的。

杜·满世界跑·甫虽说是个金牌旅客，可甭管后缀多长，他也姓杜。而杜家，正是“奉儒守官”之家。所以杜甫打小便有志于“致君尧舜上，再使风俗淳”[2]，这是他内心最深处的理想。

“是时候干点正事了。”杜甫站在山巅又说了一遍台词。

04

可正当杜甫拍拍行囊，打算沉下心来走上仕途时，那个男人出现了——李白。

他翩然而至，一如杜甫想象中般浪漫。杜甫激动地迎上去，看着这位不染纤尘的如画谪仙。

“呸！破朝廷！”谪仙一撸袖子啐了口唾沫。

1 出自杜甫《自京赴奉先县咏怀五百字》。

2 出自杜甫《奉赠韦左丞丈二十二韵》。

杜甫：……

后来杜甫才知道，李白这时刚被“赐金放还”，正在气头上。

“太闹心了，走，旅游去。”

就这样，杜甫前脚刚想退出江湖，后脚又回来了。李白不仅拉着他旅游，还拉他寻仙炼丹，说入仕没用，还是当散仙逍遥快活。两人亲如自家兄弟，喝醉后甚至盖同一床被子睡觉[1]。

杜甫一边跟着李白跑，一边心里不是滋味。虽说李白是他无比崇敬的偶像，但他觉得这种想法不对。自己快活固然潇洒，可时候到了，还是要用自己的能力为黎民百姓谋事，以天下为己任，这才是文人该做的事。

终于，在齐鲁大地上，杜甫结束了行程，与朝夕相处的朋友告别。不过杜甫转身投入仕途后，事情发展得似乎并不像他想的那样顺利。

05

天宝六载，唐玄宗为招募人才，发布诏令。全天下“通一艺者”，皆可到长安应试，杜甫闻讯也前去参加了考试。可杜甫胸有成竹等来的不是封官的佳讯，而是李林甫“野无遗贤”的闹剧——参加此次考试的士子全部落选，无一录用。

杜甫看着自己满是墨痕的双手，耳朵似乎能听到那位权相奸笑奉承之音。他心里第一次划过一丝不确定，好像仕途和自己预想的不太一样。但杜甫并没有想太多，他也不敢想。

杜甫逐渐放下尊严，开始转向权贵之门，投赠干谒，奔走献赋，可都毫无结果。

朝扣富儿门，暮随肥马尘。

残杯与冷炙，到处潜悲辛。[2]

此时父亲早已过世，积蓄也不剩分毫。穷困潦倒的杜甫只能上山采草药卖，换得些微薄收入，过着食不果腹的日子，常挨饿受冻。

1 杜甫《与李十二白同寻范十隐居》：余亦东蒙客，怜君如弟兄。醉眠秋共被，携手日同行。

2 出自杜甫《奉赠韦左丞丈二十二韵》。

天宝九载，杜甫又为唐玄宗献《三大礼赋》。此行终于得到了玄宗的赏识，命待制集贤院，等候分配。杜甫以为自己终于有机会做官了，可主试者是李林甫。所以到最后，他依然是一介布衣。

直到这时候，杜甫才停下自己忙碌的脚步，也才终于愿意承认，纵使自己诗才过人，自视天骄，在这凶险吃人的官场，也百无一用。

“举进士不中第，困长安。”[1]

繁华似锦的长安，载满期望的长安，一贫如洗的长安，困守十年的长安。

终于，朝廷封了他一个小官。

杜甫如此回道：“不作河西尉，凄凉为折腰。”[2]

朝廷见此，又改任右卫率府兵曹参军。杜甫为了生计，也终是接受了这等无用之职。而待他回到家中，却发现自己的小儿子已经活活饿死。[3]

年少时载自己快意人生的骏马，被拴在家门口，现在也已瘦骨嶙峋，哪还有那时凛凛威风之貌，一如现在的自己。

06

同年，安史之乱爆发。潼关失守，百姓颠沛流离，朝廷皇位更迭。

杜甫见天下混乱至此，自己绝不能袖手旁观，定要尽一份力。于是只身北上，投奔灵武。可在前行途中，被叛军抓住，押送到了长安。

昔日花马少年郎，今时白衣阶下囚。

同他一起被俘虏的，还有正被严加看管的诗友——王维。因为杜甫官职小，无人在意，得以趁乱逃走。而他逃出后的第一件事，不是庆幸自己官小，换来乱世苟活，而是拿起行囊继续向目的地进发。

在途中，朝不保夕的杜甫毫不在意自己，一心扑在国家时局上。写下《为华州

1 出自《新唐书·杜甫传》。

2 出自杜甫《官定后戏赠》。

3 杜甫《自京赴奉先县咏怀五百字》：入门闻号咷，幼子饥已卒。

郭使君进灭残寇形势图状》和《乾元元年华州试进士策问五首》两文，为剿灭叛军建言献策，思考减轻人民重负的良方。

终于，杜甫见到了唐肃宗。

和自己年少时想象的“在金碧辉煌的大殿中，身穿锦袍，头发一丝不乱，一身骄傲地接受封官”的场景完全不同。杜甫浑身尘埃，衣袍寒酸，眼中满是血丝，指甲缝里都是逃亡时的泥土。他跪在堂下，声音颤抖着接受这国难中左拾遗的官职。

07

好景不长，杜甫因替房琯进言，触怒了唐肃宗，被贬到华州。虽宰相张镐力救，但仍受到牵连，最后被贬为华州司功参军。

“陛下赦臣百死，再赐骸骨，天下之幸，非臣独蒙。”[1]

我本是百死的大罪，可陛下免了我的罪，又赐我还乡，这是天下的大幸，而不是我独蒙圣恩。

这该是何等酸楚，杜甫不得不感谢皇上赐他还乡。比起满腔的报国热血，这份不得已更显讽刺。

在从洛阳去华州的途中，杜甫看到因连年战争受尽苦难，却依旧为国参战抗击叛军的人民，作下了“三吏”“三别”[2]。

吏呼一何怒！妇啼一何苦！

听妇前致词：三男邺城戍。

一男附书至，二男新战死。

存者且偷生，死者长已矣！[3]

杜甫别无他法，只能用自己的笔，记录成一首首载满百姓哀哭泣血的诗。

1 出自《新唐书·杜甫传》。

2 “三吏”指《新安吏》《石壕吏》《潼关吏》，“三别”指《新婚别》《垂老别》《无家别》。

3 出自杜甫《石壕吏》。

后来，他几经波折到了成都。在友人的帮助下，在浣花溪畔建了一所草堂，虽然简陋，但也是个安歇之所。几年间，他生活依旧困苦，靠救济过活。这禁不起风吹雨打的草堂，也常常破损。

《茅屋为秋风所破歌》中，杜甫写尽了自己的凄凉：

八月秋高风怒号，卷我屋上三重茅。

……

床头屋漏无干处，雨脚如麻未断绝。

……

安得广厦千万间，大庇天下寒士俱欢颜！风雨不动安如山。呜呼！何时眼前突兀见此屋，吾庐独破受冻死亦足！

即使自己生活困苦至斯，杜甫依旧不忘忧国忧民，担心这世上的穷苦人。

多么希望有那宽敞明亮的温暖之所，可以庇护全天下受冻的人！若真有这些房屋，届时就算我独自在这破草房里被冻死，也知足了。

08

后来好友去世，病魔缠身的杜甫不得不又去了夔州。受到都督柏茂林的照拂，杜甫暂住于此，还有了一个小果园。果园常常让他想起少时家中后院的梨树，可惜现在自己风烛残年，已经爬不上去了。

杜甫艰难登上白帝城外的高台，举目远眺，有感写下《登高》。

风急天高猿啸哀，渚清沙白鸟飞回。

无边落木萧萧下，不尽长江滚滚来。

万里悲秋常作客，百年多病独登台。

艰难苦恨繁霜鬓，潦倒新停浊酒杯。

这首随笔之作，是为七律之首，冠绝古今。诗中七律本就最不自由，要求极多，这种严苛挑剔的诗杜甫却能信手拈来，不为炫技，独求情感。

杜甫常哀叹自己只有一支笔，现在却摇头庆幸，自己还有一支笔。

09

大历五年，流亡乘舟的杜甫困于涨水，五天粒米未食，后被县令聂某所救，为他准备了酒肉，而正是这顿饭，令杜甫死在酒桌上，也结束了他充满反差的一生。[1]

他曾自视天骄，却为生计奔走不停；

他也曾最不喜拘束，却一生困于忧国忧民。

杜甫也永远不知道，在他死后，自己被奉为了诗圣，与自己的偶像齐名。

有人说他傻，自己都这么惨了，操心什么国民。可就是因为这点傻气，这点执着，他的诗永存民心与历史之中。

寒屋布衾独冻死，亦作尘间悲悯人。

1 出自《新唐书·杜甫传》：令尝馈牛炙白酒，大醉，一昔卒，年五十九。

杜甫日记

文 / 明戈

DUFURIJI

《愿望》 天宝三载 二月 阴

今天是我三十二岁的生日，有几个刚认识的朋友来参加了我的聚会。

饮到兴处，大家既是文人，自是免不了吟诗作赋。

虽说我很感谢他们来看我，但看着大家的惊世骇俗之作，我只想说：写得很好，求求下次不要再写了。

总有人说我自视甚高，认为普天之下自己最厉害，别人都不行。其实还真不是。

我是有甘拜下风的人的，比如那个火遍文坛的大明星——李白。世界上怎么会有诗写得这么好的人呢？真真是神仙诗人！

所以我今年的生日愿望就是，能够结识李白大大。

希望上苍保佑我追星成功！

《最快乐的一天》 天宝三载 四月 晴

我需要先平复一下我的心情，刚才心跳速度是平时的两倍。

事情是这样的：

我本来在到处旅游，前阵子听说洛阳的梨花极美，便想着来这儿赏赏花。今日上街正瞧着那落英缤纷，忽然瞥见一白衣胜雪的男子站在花雨中吟诗，气质出尘，超凡脱俗。

我琢磨着能有这等气场的定不是一般人，于是我便走上前去，想攀谈结识一下。

那男子听我介绍完自己，朗然一笑，随后点了点头，但并未自报家门。

正当我以为人家是不屑与我相交，于是带了点怒气转身要走时，他却开口道："想起儿时随口作过一句诗，'李花怒放一树白'[1]，我的名字便在这句诗里。"

李花怒放一树白？若不是叫李怒放这种名字的话，难道说……李白？！

我瞬间瞪大了双眼，说话都开始不利索："您……您是……是……"

"在下李白，很高兴认识你，要不要一起喝一杯？"李白淡淡一笑。

夺魂一笑要了我的命，我激动得差点当场晕过去。

我碰到偶像了！偶像还约我喝酒了！嗷！

《想他！想他！》 天宝三载 五月 小雨

自从上次同偶像见面，我真是体会到了什么叫一日不见如隔三秋。

此前，我曾想象过无数次遇到他时的场景。本以为他这么火，连搭理都不会搭理我，没想到竟如此随和，一点架子都没有。要知道，他可是当今圣上降步辇迎，同泛舟上，御赐锦袍[2]之人。要是我，胡子怕是都要翘到天上去了，可他对待这些如过眼云烟，只以轻笑置之。

1 李白《李花》。

2 杜甫《寄李十二白二十韵》：龙舟移棹晚，兽锦夺袍新。

呜呜呜，好跩好酷！

在酒桌上，李白还与我讨论了诗文。看他举杯豪饮、酒中成诗的样子，我才明白他为何被唤作诗仙。不过是绣口一吐，荡尽洛阳十里，令风雨同惊，鬼神同泣。“昔年有狂客，号尔谪仙人。笔落惊风雨，诗成泣鬼神。”[1]

吃过饭，我们还约了今年秋天去梁宋玩。秋天，你可快点到吧！

《快乐秋游》 天宝三载 十月 晴

今日真是秋高气爽，天高云淡。经过漫长的等待，终于到了见面的日子。

我驾马到了约定之地梁园，只见李白早就到了，正在出神欣赏那萧萧落木。

偶像就是偶像！随便一站都那么有气质！

白日，我们在街头赏景游览，夜晚，我们在园里饮酒跳舞。[2]

唉……还有比这更美好的日子吗？

《三个人的电影》 天宝三载 十二月 阴

好景不长，我们的队伍加进了第三个人——高适。他正好在商丘闲居，对这里十分熟悉，于是便天天陪着我们玩。虽说我也很喜欢他，可高适兄这时候来就有些不合适了吧。

这天傍晚，我们登上单父台。现在已经入冬，高台之上非常寒冷。于是我们升起火堆，在旁边饮酒聊天。远处万里风云翻涌，山上桑柘叶与凋零的豆叶一齐飞舞，在我们身侧悄然落下。[3] 在寒冷与萧瑟中，我们接连举杯。

1 出自杜甫《寄李十二白二十韵》。

2 杜甫《寄李十二白二十韵》：醉舞梁园夜，行歌泗水春。

3 杜甫《昔游》：昔者与高李，晚登单父台。寒芜际碣石，万里风云来。桑柘叶如雨，飞藿去裴回。

李白许是触景生情，笑道：“想来那时在朝廷中，高力士为我脱靴，贵妃为我研墨，那又如何，哪有现在自由！”

不愧是我偶像，洒脱！

李白饮尽杯中的酒，叹了口气又道：“可扪心自问，我自诩享受的自由，不过是被皇上放还的结果。若有机会，谁不想做官报国呢？”

不愧是我偶像，诚实！

别人三观跟着五官走，我三观跟着李白走。

这时，高适也说起自己的怀才不遇。惆怅的气氛弥漫在高台上，令我也不由念到自己科举落第。我看着李白的落寞神情，又想到别期将近，心中只觉得更加难过。

我不禁喃喃吟道：“秋来相顾尚飘蓬，未就丹砂愧葛洪。痛饮狂歌空度日，飞扬跋扈为谁雄。”[1]

李白听后缓缓举起酒杯，对我眨了眨眼：“无妨，喝酒，不醉不归。”

或许是酒精的作用，我们胸中的抑郁逐渐消散了，开始笑着高谈阔论，引吭高歌起来。笑声从单父台荡开，飘向远方。

后来大家决定再一起漫游一段日子，李白带着我俩去登仙山寻仙草，而我也开始习惯高适的加入。三个人的电影，看来也很快乐。

《东鲁走起》 天宝四载 六月 晴

自从上次分别，我对李白的情感便有了一丝变化。先前更多的是粉丝对偶像的敬仰之情，可李白主动敞开心扉，让我第一次窥探到了这位谪仙的内心。原来他不是不食人间烟火，他也会为仕途坎坷失意。

这也就是说……李白把我当好朋友了！哈哈哈！

想到这一点，我高兴得好几天没睡着觉。

转眼间已是小半年未见，听闻李白最近在东鲁，我便和他相约见面。

1 杜甫《赠李白》。

此次相见，我们的关系明显比以前更亲近了。一番游玩后，我们又去探访了鲁县城北的范十居士。

白天手挽着手一起游玩，醉后盖着同一床被子睡觉。夕阳西下，我们一起听着寒杵声起，看漫天红霞，直到晚云笼罩古城都不想回去。我们也不再讨论仕途的那些俗事，而是单纯安静地沐浴在友情中。

开心！追星成功！

《分别》 天宝四载 六月 晴

欢乐的日子总是短暂的，天下也没有不散的宴席。我打算去科考入仕，李白打算继续寻仙问道。

过几日便要分离，今天我们又一次举杯共饮。喝到微醺时，李白递来一张纸，上面是一首诗。偶像为自己写诗，还有比这更令人激动的事吗？可只要想到即将分别，我又开心不起来。

太白看见我的神色，示意我先看看《鲁郡东石门送杜二甫》这首诗：

醉别复几日，登临遍池台。

何时石门路，重有金樽开。

秋波落泗水，海色明徂徕。

飞蓬各自远，且尽手中杯。

眼前的泗水秋波荡漾，熠熠海色映亮远山。既然已经将如飞蓬般分别，那就痛快酣畅地饮尽杯中美酒吧。

读罢，我惊讶地抬起头看向太白。只见他淡淡笑了笑，而后用酒杯碰了一下我的杯子。

我也终于笑了起来："好，且尽杯中酒。"

《想他》 天宝五载 三月 小雨

距离上次同李白见面，又快半年了。上次分别后不久，太白又寄来了一首诗——《沙丘城下寄杜甫》。

方才拿出他送我的两首诗再次品读，才猛然发现纸张边缘都被我摩挲得有些破损，吓得我连忙将他们放了回去。也不知太白现在在干什么，道果是否结成。

想到这里，我不禁提笔寄一首《春日忆李白》：

白也诗无敌，飘然思不群。

清新庾开府，俊逸鲍参军。

渭北春天树，江东日暮云。

何时一樽酒，重与细论文。

太白啊，我在渭北看着如烟的春树，而你在江东看着日薄西山的云朵。我们何时才能重新举杯，共论文章？

《想他》 天宝五载 十二月 大雪

今天下了大雪，我去书斋里寻书，只觉异常冷寂。

许是因为天气，许是因为李白不在。

于是我开始翻箱倒柜地寻找李白的文章，一首首阅读他的诗，并提笔写下《冬日有怀李白》：

寂寞书斋里，终朝独尔思。

更寻嘉树传，不忘角弓诗。

短褐风霜入，还丹日月迟。

未因乘兴去，空有鹿门期。

我把这首诗寄给了李白，希望收到他的回信。

《故人入梦》 乾元二年 四月 暴雨

听说李白被流放了。那江南山泽乃是瘴疫之地，此行艰险，也不知他现在怎么样了。我只恨自己现在被流放到了秦州，消息闭塞，又帮不上任何忙。

由于一直放心不下，我梦中皆是与李白会面。

若是往常，我定无比开心。可现在，我只求梦中与我相会的不是魂魄[1]，只求他还平安健康。

《放下心来》 乾元二年 十月 阴

近来得知李白原来早已被赦免，我悬着的心终于放了下来。

秦州已秋风四起，不知道他在异乡过得怎么样。由于太过思念，且心疼他受的冤屈，便又作了首《天末怀李白》寄给他：

凉风起天末，君子意如何。

鸿雁几时到，江湖秋水多。

文章憎命达，魑魅喜人过。

应共冤魂语，投诗赠汨罗。

路途遥远，也不知我的信件何时能到达。波折众多，我更不知道这书信能否到达。

不过只要想到他还好好活着，心中便宽慰了一些。

1 杜甫《梦李白》：恐非平生魂，路远不可测。

《十六年》 上元二年 十月 小雨

今日又翻出李白写给我的诗，纸张早已破烂泛黄，就连苍劲有力的字，也因为受潮模糊起来。

我与太白，已经整整十六年未见了。

当年还曾一同登高，现在我已两鬓斑白。想必太白的头发，也早已花白了吧。

匡山还有他读书的旧屋，既然大家都老了，就快些回来吧。[1]

《哀思》 上元三年 十二月 小雪

听闻李白去世了，可能是我无法接受，我不觉得这是真的。

今天我的草堂竟然下了雪，落在树梢，像极了四月的梨花。

“李花怒放一树白。”

这句诗忽然从记忆深处跳出来，清晰得像谁笑着在我耳边说的。

正当我出神时，妻子唤我回屋吃饭。我回头看了看宛如落英缤纷的树下，只是一片皎白。

万树梨花开，无有故人来。

1 杜甫《不见》：匡山读书处，头白好归来。

第二章 孤烟直

山回路转不见君，雪上空留马行处

J U N Z I C H A N G A N L A I

崔颢

青山行不尽，绿水去何长

文/夏眠

01

长安城内。烟花柳巷深处。

“郎君？”小娘子的声音娇软香糯，她挽着发髻羞答答地从屏风后看了一眼端坐堂中的少年郎。

少年郎微微抬头，小娘子的脸霎时一片通红。春风一吹，不知道哪里飘来了屠苏酒的清香。

“郎君，这眉画得深浅可好？”小娘子画的是时下最流行的小山眉。

小山眉需要和山峦一样，层次分明，最忌讳的便是用色太厚，据说用从波斯国传来的发青色的螺子黛最好。小娘子手里的那小小一盒，便是少年的馈赠。

小娘子的眼里满是流动的水光，少年却似乎没看见似的，站起来准备走。小娘子有些错愕，但她知道，眼前人是她留不住的，既然他能在自己这里，也能去别的女子那里。

少年名叫崔颢，出身于赫赫有名的博陵崔氏，钟鸣鼎食之家。自古嫦娥爱少年，崔家的公子又谁人不爱呢？

“崔郎……”崔颢刚从小娘子家出来，身边就经过了一辆马车。一只手掀起布帘，一张熟悉的脸，是长安最出名的歌姬，据说和贵妃长得有几分相似。

崔颢转身行礼，迎面而来的是歌姬身上的香味。

“听说崔郎要远行？”歌姬握着他的手，“是否是为了李太守那日……”

崔颢的脸色一变，一向很会察言观色的歌姬便住了嘴。

崔颢刚及弱冠就考取了进士，才名和诗名俱全，正是春风得意马蹄疾的时候，各方名流都想与他结识相交。长安城中以爱才闻名的李太守，听闻他的诗名，也将他邀请至自己家中做客。

觥筹交错之际，李太守邀请崔颢赋诗一首。歌姬知道，这是大人的提携，若是崔郎能拔得头筹，那被举荐入朝也就指日可待了。

“十五嫁王昌，盈盈入画堂。自矜年最少，复倚婿为郎。舞爱前溪绿，歌怜子夜长。闲来斗百草，度日不成妆。”[1] 崔颢一边吟诗一边打着拍子。

这首诗题材极为常见，崔颢以女子自比。女子嫁给了王昌这名美男子，正如自己来投奔李太守一样，从此以后，他愿为李太守效犬马之力。

然而事与愿违，纵使歌姬没有绝顶的才华，但也看得出李太守的脸色就好像多日未曾出恭那样难看。她还是第一次看到李太守如此生气，人抖得比喝醉的客人还厉害。

李太守怒斥道：“无耻小儿！”[2]

崔颢被李太守狼狈地赶出了门。

“娘子莫要挂心，李太守有眼不识泰山罢了。前途坦荡，何愁无安身之处？”崔颢看向远方。

歌姬点了点头，看了一眼崔颢来的方向，他莫不是刚从王家娘子处出来？不久前才在李太守那儿碰了一鼻子灰，还有心思四处眠花宿柳，这可真是……不知天高地厚。

“郎君一去，不知道多少小娘子要泪湿枕畔了。”歌姬叹了口气。

02

口出狂言得罪了李太守，崔颢仕途无望，离开了长安。他信马由缰，走到哪儿算哪儿，走到山前便下马，走到水路便乘船。

水边，船家的船儿整整齐齐地排在渡口。崔颢刚坐定，就瞥见旁边的一个年轻姑娘偷偷瞧着他。船家女儿不如长安的贵族女子点绛朱唇、轻理红妆那么端庄娴雅，却有一番遮掩不住的自然情趣。

1 崔颢《王家少妇》。

2 出自《唐才子传》卷一：初，李邕闻其名，虚舍邀之。颢至献诗，首章云：“十五嫁王昌。”邕叱曰：“小儿无礼！”不与接而入。

崔颢抬头与她对视，船家女儿竟然丝毫不脸红，不见一丝羞涩，而是兴奋地问：“君家何处住？妾住在横塘！”[1]

姑娘的脸如春天的桃花，眼睛也泛着光。崔颢转过身，笑着答：“家临九江水。”

姑娘更兴奋了，不自觉地靠近了些：“那我怎么没见过你呀？”

崔颢认真地盯着姑娘的眼睛，柔声说：“我也可惜没见过你，要是我是你的青梅竹马，该有多好。”[2]

崔颢这话说得如此认真，丝毫没有轻慢和调戏的味道，姑娘的手一下子抓紧了裙摆，想要低头，却挪不开看向崔颢的目光。

崔颢对于美的欣赏，向来一视同仁。无论贵族抑或布衣，无论红妆抑或素容，都有动人之处。有人是洛阳的牡丹，也有人是塞上的柳叶。世间男子说不喜欢，只是假正经罢了，真是群伪君子。

船划开了日落时分的水面，船女正在收拾船上的鱼鲜，她递了一份给崔颢，再三嘱咐：“晚上起风，郎君莫要独行。”

再一撑船，两人渐渐远离，船家女看了崔颢一眼又一眼，再一眼，最终还是回了头。

此时，崔颢才想起：忘了问她叫什么了！

再忆起船家女儿时，崔颢提笔，为她写了一首《川上女》。

川上女，晚妆鲜，日落青渚试轻楫。

汀长花满正回船，暮来浪起风转紧。

自言此去横塘近，绿江无伴夜独行，独行心绪愁无尽。

03

崔颢就这样边走边写诗，一路北上，到幽州的时候，已是春天了。

北方的春天来得不同凡响，同长安满城逢春不同，幽州的春风都带着涩。这涩涩的风吹在地上，长出了一茬又一茬的野草，似乎要把初秋就枯萎的那份绿色补回来。

1　出自崔颢《长干行·君家何处住》。

2　出自崔颢《长干行·家临九江水》：家临九江水，来去九江侧。同是长干人，生小不相识。

“喂！”一个轻装的士兵朝发呆的年轻人喊了一声。

崔颢刚回头，一壶酒就迎面而来，差点砸在他脸上。

崔颢笑着接住了酒壶，一打开，酒味直冲大脑，还没喝就微醺了。

“你说你个细皮嫩肉的公子哥儿，怎么跑来边关吃沙子？”

“我说我本出身世家大族，一路游历而来，你信不信？”崔颢喝了一口酒，没想到背上狠狠挨了一掌。

阿贵的声音传来：“拉倒吧你！哪个门阀家的哥儿会跑到幽州这鬼地方来？”

崔颢摸了摸嘴，正想回答，就看到王威古抬着一只鹿，裸着上身从半人高的草从里冒了出来。

这两人都是驻扎在当地的士兵，是崔颢偶然间喝酒结识的。三人虽来自天南地北，经历天差地别，竟也聊得十分投机。

就在此时，远处传来了战鼓声，是紧急集合的命令！前些日子刚击退的胡虏又回来了？

王威古披上战甲，阿贵拿起长枪，翻身上马，急急地对崔颢说：“鹿肉等我回来吃啊！”

那天的风吹得人头疼，崔颢的心在胸膛里有力地跳动着。

士兵回来的时候正值日落，鹿肉早就凉了。左等右等，阿贵和王威古都没回来，崔颢坐不住了，四处打听两人的消息，只听得士兵们的叹息：“阿贵的箭伤在胸口，恐怕熬不过去……”

崔颢跌跌撞撞地来到了营帐中，王威古半跪在榻前，握着阿贵的手，旁边的一盆水已然变成了红色。

阿贵的情况很不好，胸口的纱布泛着猩红，嘴唇煞白。他吃力地睁着眼，用干裂的嘴唇嗫嚅着。崔颢凑近去听，随后拿了干净的茶水，一点点沾湿他的嘴唇。

阿贵看着崔颢，挤出一个笑容：“崔颢，和我说说话吧，只是我没力气说了。”

“我给你讲长安的事，阿贵，你听着便是。”崔颢握住了阿贵的手，他的手布满茧子，冷得厉害。

“我出生在一个望族，家里出过许多名士。阿爷对我的教导非常严格，但只要我完成了功课，家里人便对我百般宠溺，我要什么他们都答应。

“我的功课一直不错，算是没有辜负家人的期望。只不过，我长大后，虽有一些才名，行事却十分放荡不羁。当年的我，可喜欢美娇娘了，凡娶妻，看的第一点便是美貌[1]……”

“真好呀……”阿贵眯起眼睛，“我本是楚州人，家里也没什么长物，本想解甲归田后，到处看看……真羡慕你……我好困呀……”

“阿贵，你看看我，你别睡！”崔颢俯下身体，轻轻地搓着阿贵的脸，“阿贵，阿贵……”

阿贵还是没能挺过这个夜晚。

骤然逢此变故，崔颢心情低落，他切切实实地感受到了战场的残酷。也正因为有这样一群奋勇杀敌的将士驻守边关，才换来太平长安。

崔颢便要离开幽州。

临走之前，他给好友王威古写了一首《赠王威古》，记录下了边关将士们的英姿。

三十羽林将，出身常事边。春风吹浅草，猎骑何翩翩。

插羽两相顾，鸣弓新上弦。射麋入深谷，饮马投荒泉。

马上共倾酒，野中聊割鲜。相看未及饮，杂虏寇幽燕。

烽火去不息，胡尘高际天。长驱救东北，战解城亦全。

报国行赴难，古来皆共然。

王威古拿起诗，看着崔颢远行的背影，认真地一抱拳。

04

所有人都说崔颢似乎变了，又好似什么都没变。崔颢的身边依然环绕着莺莺燕燕，崔颢依然是贵族的座上宾，崔颢的官名也还是徒有虚职的员外郎。

可越是亲近的人，这种感觉就越强烈：“崔郎从幽州回来之后，就变了。”

1 《旧唐书》：娶妻择有貌者。

崔颢摸了摸妻子的头发，岁月让她的容颜变得深邃而又温柔，初见时明眸善睐，此刻更多了一份婉约。

“是呀，是变了。”崔颢应答着。

看过江南好风光，又领略了北地的严寒和苦楚，崔颢心中感慨良多。他已不再是那个无忧无虑，只想着拈花惹草的少年郎，年岁渐长，浮躁的心被世间沧桑打磨得渐渐平静。

“阿爷说，似乎有一个举荐的机会，只怕……”

“无妨。”崔颢早已料到妻子难言的是什么，他宽慰着妻子，说，“这辈子我都没能谋到什么显赫的官职，但有美酒佳肴在侧，贤妻好友在旁，也没什么可遗憾的了。”

05

这年春天，友人写了一封长信，邀请崔颢来江夏，一同登高祈福。

江夏，三国时为荆州。荆楚为兵家必争之地，这里有数不尽的英雄与传说。崔颢风尘仆仆地赶来，这里的滚滚长江之水，好像万马奔腾，冲击着崔颢的胸膛。

他一步一步地踩上黄鹤楼的阶梯，登高远望。他已不是当年的少年郎，步子有些虚浮，胸膛也在微微起伏。

“老了……”话音末尾的叹词还未发出，他便愣在那里。

黄鹤楼上烟波浩渺，凭栏远眺，一片烟雾迷茫。远处的鹦鹉洲好像一块落在江心的碧玉，金色的日光铺在江面，江水浩浩荡荡。

崔颢突然想起了李太守李邕气呼呼的脸，哈哈大笑起来：“原来，当年不懂事的人确实是我！”

暮色渐渐漫起，崔颢端起一杯酒，站在楼前，对着长江之水高高举起：“敬天，敬地，敬这河山万里！”说完，仰头一饮而尽。

“崔郎君。”友人唤了他一声。

崔颢眼前有些模糊，望着浩渺的江面，无数画面在脑海里闪回。几十年人生里，他蹉跎走过，行至许多地方，看过许多美景，可最令他思念的，还是那故乡一隅。

他讷讷道："日暮乡关何处是？烟波江上使人愁。"[1]

烟波缥缈，水流汤汤，可我的家乡究竟在何处呢？

06

长安城内再起风时，崔颢已到了风烛残年之时，他病倒了。

病榻上的他，眼前漫过了无数的人和事。他曾游戏人间，也曾汲汲为名；曾痛失好友，也曾豁然开朗。

在人生的最后时刻，他无比想回到他出生的那个地方。

他想起自己少年返乡时写下的《晚入汴水》："昨晚南行楚，今朝北溯河。客愁能几日，乡路渐无多。"

他知道家在前方，很快就可以回家了。

只是，他可能等不到了。

1 出自崔颢《黄鹤楼》。

不须愁岁晚，霜露岂能摧

文/白斩鸡

01

喜报传来的时候，塞外落了一场大雪。一场不算大的胜仗，却也能令将士们振奋。幕天席地，对月高歌，围着篝火开怀畅饮，是夜晚难得一次的放松。

这已经是他们驻扎在此，不知道第几个年头了。

西北蛮荒，终日只见漫天的黄沙。稀疏的绿茵和天边偶然掠过的飞鸟，都是极为罕见之物。

没有人喜欢这里，但总有人不得不留在这里。一辈又一辈的士兵轮流在这片干涸的土地上扎根，迎向暴虐的狂沙，以自己脆弱的身躯，守护关内族民亲人的幸福。

岑参就是其中一人。

三更天后，士兵们都已经醉倒躺下，岑参却没有睡意，掀开帐帘打算出去走走。

望着茫茫天地，人总是不由得心生感慨。距离他上次出塞，足足过去了六年。

原来已经这么久了啊。人生无常，当初岑参怎么也想不到，未来竟会有如此坎坷的人生。

02

岑参幼年早慧，饱读诗书，本以为自己会和大多数读书人一样，参加科举，步入仕途。然而正如孟子所言，天将降大任于斯人也，必先苦其心志。

岑参虽不至于脸皮厚到标榜自己是怎样的大人物，但至少寒窗苦读多年，他怎么也没想到换来的会是这样的结果——二十岁奔赴长安，却屡屡不受提携，人生磋磨到第三个十年，才拥有了一个参军的头衔。

岑参在接到这样的授命时，都不知道该做何感想，只能在《初授官题高冠草堂》里写道："三十始一命，宦情多欲阑。自怜无旧业，不敢耻微官。"

卑微的人啊，本来已经被消磨得没了做官的兴趣，只是因为也没有什么别的活路，哪怕是这小小的官职，也没资格嫌弃。

真是可笑又可悲。

临行前，岑参亦是舍不得从前隐居的日子的。

山清水秀，鸟语花香，茅屋草堂，生活就好像一张洁净的白纸，没有污点，没有烦恼。

早晨鸡鸣而起，去林间采点野果，回家后晒着温暖的日光读书，等到傍晚时再背着鱼竿去河边垂钓。日子平淡恬静，闲适舒心。

只是命或许就是这样的吧。年少时踌躇满志，好不容易开解自己向现实低了头，偏偏又被添了一笔，至此彻底改变了人生轨迹。

不久后，岑参第一次离开中原，赶赴安西上任。

塞外的生活比想象中艰难许多。这里气候干燥，狂沙漫天，天地终日都是一片浑黄，嗓子里也尽是咽不下去的沙石。

相比环境宜人、资源富饶的中原，这里的条件要差上许多。岑参很难想象将士们是如何生存下去的，自然而然，浓浓的思乡之情便席卷而来。

有时天气好了，眼见这辽阔的茫茫大地，岑参也会生出一丝离乡游子的怅惘。未来渺渺，此地亦不是归处。

苜蓿峰边逢立春，胡芦河上泪沾巾。

闺中只是空相忆，不见沙场愁杀人。

春天来到苜蓿峰、胡芦河上，岑参触景生情，想起自己远方的家人，不由泪下沾巾，写下这首《题苜蓿峰寄家人》寄给妻子。

好在，岑参只待了两年便结束了苦闷的塞外生活，回到长安。

03

三年之后，岑参第二次踏上了西行的路。

这一回，他的心境与从前大不相同。他是主动来到这里的。

兜兜转转，这些年岑参在长安也遇到了许多人，有点头之交的同僚，也有惺惺相惜的好友。但直到遇到封常清，岑参才终于意识到，这个人或许就是自己等待已久的伯乐。

于是他跟着封常清，再度来到了塞外。事实证明，封常清的确是个很厉害的人。屡建功勋之后，封常清率兵西征，而岑参留守后方。

这样全权交付的信任，给了岑参极大的信心。

再次远眺这片广阔的天地时，岑参不再思念遥远的故乡，或者说，比起那份思念，他更希望能够在这里实现自己建功立业的抱负。若仕途之路行不通，便兵戈戎马，抵御外敌。

他走了很远很远，一路过玉门关、贺延碛、交河，直到来到安西北庭，写下了许多中原汉人一辈子都无法见到的瑰丽奇幻的西域景色。

《火山云歌送别》里，塞外的风沙草石和火山冰雪在岑参的笔下少了一分萧瑟，多了一分壮丽不凡。

火山突兀赤亭口，火山五月火云厚。
火云满山凝未开，飞鸟千里不敢来。
平明乍逐胡风断，薄暮浑随塞雨回。
缭绕斜吞铁关树，氛氲半掩交河戍。
迢迢征路火山东，山上孤云随马去。

此次封常清出征时，岑参亦作一首《轮台歌奉送封大夫出师西征》为他送行，他写道："轮台城头夜吹角，轮台城北旄头落。羽书昨夜过渠黎，单于已在金山西……亚相勤王甘苦辛，誓将报主静边尘。古来青史谁不见，今见功名胜古人。"

因此今日收到战事大捷的消息，岑参胸口灼热，心中激荡。

如今凭栏远眺，他已经觉得，自己离那个目标越来越近了。

04

翌日，岑参很早就起来了。

将军回来的消息很快传来，军中大为振奋。晨起操练时，士兵们的士气格外高涨。

岑参亲自去迎接封常清，响声震天的马蹄声奔腾而来，带着不容阻挡的气势。

见到岑参，封常清一身戎装从马上下来，只一眼便知道他要说什么，朗声制止道："客套的话就不必说了，走，陪我去喝酒。"

岑参知道封常清这是高兴，但日出刚过，饮酒未免夸张了些，便道："将军，若您实在有兴致，晚上再喝吧，武判官不日便要走了。"

闻言，封常清也没反驳，边解盔甲边道："也好，昨天行军一夜，我先去睡会儿，到时你再叫我。"

也不等岑参应答，封常清掀了帐帘便进去了。

即便是打了胜仗，军中的日子也一如往常。

行军苦累，将士们整日都要绷着一根弦，敌人来袭，就要速速做出反应。

岑参没什么特别的事，处理完简单的事宜，看了会儿书。

近来天气不好，一入夜温度骤降，晚上的宴会便提前了两个时辰。

塞外偏僻荒凉，没什么好东西。因此说是宴会，其实也弄得简单，不外乎备点好肉好酒，大家弹弹琴唱唱曲。

与中原琴音的婉转悠扬不同，胡琴与羌笛的音色，在这天高地阔的夜色下响起，倒是别有一番风味。

"封将军，这些日子承蒙关照，愿他日长安再相见，我定备上美酒佳肴，与你再叙一番！"武判官起身向封常清敬酒一杯。

封常清应了，一口灌下，过了一会儿却叹道："长安于我而言太过遥远，或许我这一生，就属于这边境之地吧。我愿拼上一切，护卫这片江山与子民，但如今内忧外患，不知我等究竟能不能厮杀出一条路。"

"将军才高义重，守护的是我大唐子民的平安幸福。我岑参无才，能得将军的赏识，是我的荣幸。"岑参亦举起酒杯，郑重地说，"我相信将军的愿望必定能够达成，而我也会拼尽全力，助将军一臂之力。”

“呵呵，倒也不必这么严肃。是生是死，便听由天命吧。”封常清失笑，“来，喝，今朝有酒今朝醉！”

他们几人举杯，一饮而尽。

05

武判官出发时，岑参一路将他送出营帐，感叹道：“此去一别，不知何日才能再见了。”

武判官牵着马，眺望远方，开口道：“黄沙、荒漠、一片孤寂，你真的做好准备了吗？”

岑参明白他的意思，坚定道：“黄沙，荒漠，在如今的我眼里，已经与从前大不相同了。”

“况且……”岑参笑道，“我来了这里，还能有回去的道理吗？”

武判官也笑了，在营地门口停下脚步：“好了，就到这里吧。”

他翻身上马，慢慢地往山下远去。

岑参看着武判官离去的背影，心中感慨万千，他念道：

北风卷地白草折，胡天八月即飞雪。

忽如一夜春风来，千树万树梨花开。

散入珠帘湿罗幕，狐裘不暖锦衾薄。

将军角弓不得控，都护铁衣冷难着。

瀚海阑干百丈冰，愁云惨淡万里凝。

中军置酒饮归客，胡琴琵琶与羌笛。

纷纷暮雪下辕门，风掣红旗冻不翻。

轮台东门送君去，去时雪满天山路。

山回路转不见君，雪上空留马行处。

北风席卷大地，塞外八月便大雪纷飞，就好像春天到来时千万棵梨树盛放了花朵，花瓣随风飘落而下。

白雪皑皑之中，武判官骑着马逐渐远去，犹如画中小小的墨点落在宣纸上。等到他渐行渐远，终于看不见身影，雪地上只留一行马蹄踏过的印迹。

“此诗便命名为‘白雪歌送武判官归京’。”岑参朝山下望了一眼，却没有留恋，不知是说给谁听，“塞外风景甚好，我还想多看几眼。”

06

然而，几年后，岑参最终还是回到了中原。

来回往返，几进几出，冥冥中好像昭示着，唐朝已不如从前昌盛。安史之乱爆发，曾经繁华的唐朝已然千疮百孔。

随着年岁增长，岑参的心也已经被磨砺得麻木，升迁也好，被贬也罢，那满腔意气已经随着被戳破的球，一并泄漏了。

“早年迷进退，晚节悟行藏”[1]成为了他的写照。偶尔夜深人静时，岑参回想起那片奇妙瑰丽的土地，回想起那片土地上的点点滴滴，好像是一场幻梦，成为了他人生中不可磨灭的回忆。

岑参罢官后，东归不成，客死成都舍。

或许他不会知道，随着时间的流逝，他与他的诗作也沉淀成了诗歌史上一块与众不同的、带着异域色彩的土壤，等待百年之后新的种子落下，生根发芽，长出一片崭新而茂盛的森林，震撼后人。

1 出自岑参《初至西虢官舍南池，呈左右省及南宫诸故人》。

岑参《行军诗二首（时扈从在凤翔）》

吾窃悲此生，四十幸未老。一朝逢世乱，终日不自保。
胡兵夺长安，宫殿生野草。伤心五陵树，不见二京道。
我皇在行军，兵马日浩浩。胡雏尚未灭，诸将恳征讨。
昨闻咸阳败，杀戮净如扫。积尸若丘山，流血涨丰镐。
干戈碍乡国，豺虎满城堡。村落皆无人，萧条空桑枣。
儒生有长策，无处豁怀抱。块然伤时人，举首哭苍昊。
早知逢世乱，少小谩读书。悔不学弯弓，向东射狂胡。
偶从谏官列，谬向丹墀趋。未能匡吾君，虚作一丈夫。
抚剑伤世路，哀歌泣良图。功业今已迟，览镜悲白须。
平生抱忠义，不敢私微躯。

岑参

“胡天八月即飞雪” 是岑参在“胡说”吗？

Feixue

文 / 优富

JUNZICHANGANLAI

01

大唐天宝十三载，岑参第二次从长安出发赶往塞外，出任北庭节度判官。上一任判官任期已满，准备回京，岑参写了一首诗为其饯行。

整首诗奇崛壮美、气势磅礴，武判官收到诗后既震撼又感动，小心翼翼地将诗卷起来塞进行囊带回京城。不久之后，这首《白雪歌送武判官归京》便在长安城中广为传抄。

唐朝的交通不便，从长安城到塞外即便是一路快马加鞭也得走将近两个月。大多数的长安居民这辈子都没有机会去塞外，他们看到岑参的诗无不啧啧称奇。

胡天八月就下雪了？真的假的？这时节顶多也就秋高风怒号一下，哪里就能冷到下雪呢？老岑这哥们儿不是胡说的吧！

02

别说别人不信，就连岑参自己在刚看见这塞外奇景时也是很惊讶的。毕竟现在也不是冬天，他最开始都不敢相信外面白茫茫飘的是雪花，还以为是春风吹来梨花开了。没想到一伸手——是冰冷刺骨的感觉。

岑参祖籍南阳棘阳（今河南新野县）[1]，自幼生长于江陵（今湖北江陵县）[2]，是个地地道道的中原人。在三十岁以前，他去过最北的地方也就是首都长安。

岑参第一次出塞是在几年前，那时候他是在安西都护府做掌书记。第一次见识到千里冰封万里雪飘的北国风光之后，他以为已经拿捏了塞外的气候，没想到第二次他到了更靠北的北庭都护府——草率了，这里更冷。

唐朝为了治理边疆，设立了六大都护府，其中位于西北地区的有两个，一个是天山南麓的安西都护府，另一个就是位于天山以北的北庭都护府。这两个都护府的下辖地区主要是今天的新疆及其周围地区。这块区域在汉朝以前是众西域小国的聚集地，所以被唐人习惯性地称之为“胡地”。诗中所写的“八月即飞雪”的地方，就是广袤胡地中位置最北、气候最冷的北庭。

若不是亲眼看见这梨花盛开一般的大雪，亲手掰过旗杆上冻得硬如铁块的旗帜，岑参也不敢相信世界上竟然还有这样的地方。

岑参提笔写诗时也和读者心境相仿，虽然诗里面没有明说他有多诧异，但是惊奇之意已经流露于字里行间。

03

李白得知大家的疑惑后表示：“这帮南方人真是少见多怪。”

岑参试图争一争南北划分的问题，没想到却被李白打断：“老岑你不要犟，在我们西北人眼里，阳关以南的都是南方人！”

作为跟岑参同时代的大唐人，李白对西北边陲的气候很有发言权。

李白出生于西域碎叶城，并在碎叶城生活了许多年，对西域的气候相当熟悉。西北边陲一直以来都苦寒无比，别说八月，五月下雪都不是什么稀罕事！

“五月天山雪，无花只有寒。”李白掏出了自己早年写的《塞下曲》给大家长

1　一说荆州江陵（今湖北江陵县）。

2　出自闻一多《岑嘉州系年考证》：公讳参，唐荆州将令人，其先世本居南阳棘阳，梁时长宁公善方始徙江陵。

了长见识。

五月的中原正是炎蒸阳气嘉、榴花照眼明的时节，倘若五月的西北都大雪纷飞，八月下个雪好像也不值一提。

同样活跃于开元天宝年间的李昂、李颀等人也去塞外出过差，纷纷拿出了自己当时的诗作佐证。

李昂拿出了自己的《从军行》："春云不变阳关雪，桑叶先知胡地秋。"

李颀翻出了曾写下的《古从军行》："野云万里无城郭，雨雪纷纷连大漠。"

西域下雪确实不分季节，三天两头白雪飞满头。

04

听完大唐塞外访客组的描述后，围观群众若有所思。

好像确实有这么回事，去过塞外的诗人一写诗全都在说飞沙和积雪，描述完全可以相互印证，好像那地界确实终年苦寒，连天白雪，不太适合人类生存。

可如果西域真的像他们诗里说的一样，那之前楼兰、龟兹等西域三十六小国的人都是靠什么活下来的？大唐的长安街头常有胡人来往，他们除了长相和汉人有些区别之外，也没什么特别的，难道他们的祖先都不需要吃饭，靠雪水和飞沙就可以维生？还有那些经常穿着民族服饰的胡姬，她们最喜欢穿露腰露胳膊的短衫，她们在故乡的时候也这么穿吗？她们都是铜皮铁骨不怕冷吗？

这不合理！该不会是大唐塞外访客组集体胡说吧？

这还真不是他们胡说！

西域地域辽阔，虽然大部分的区域都是"终日风与雪，连天沙复山"[1]的景象，但还是有一些适合人类居住的地方的，比如绿洲。

绿洲的面积大约占西域全境的百分之八。高山冰雪融水蜿蜒而下，水流经过的地方产生河流湖泊，滋养了一块又一块绿洲。水草丰美、土壤肥沃的绿洲可以耕种，稍微贫瘠一些的绿洲也可以放牧。

1 出自岑参《寄宇文判官》。

自西汉开始，就有汉人士兵来到西域边陲戍守。离家万里，大家不可能全靠自带干粮，这“瀚海阑干百丈冰”的地界也没什么可吃的，大家就开始了在绿洲上垦荒屯田的历程。

零星分布的绿洲蕴含着巨大的能量，人们在这里种出了粮食瓜果和产量极高的棉花，牛羊家畜也遍地都是。这产出不仅可以满足本地军民的需要，剩余的还能远销中原。

至于胡姬的衣服为何如此清凉，这主要和西域地区的气候有关系。西域深居西北内陆，受海洋的影响微乎其微。陆地的比热容比海洋小得多，当地的气温白天升得快，晚上也降得快，昼夜温差最大能有 20 摄氏度。

胡姬们在故乡的时候，基本上都是正午艳阳高照汗出如浆，到了晚上又冻得瑟瑟发抖。所以胡姬们的衣服必定不会只有轻薄的短衫，这种凉爽的衣服中午穿刚刚好，但是一到晚上，大家还是会掏出自己的大棉袄裹在身上。

所谓“早穿皮袄午穿纱，围着火炉吃西瓜”，说的正是西域人的日常。

05

作为大唐边塞诗的扛鼎之作，岑参的这首《白雪歌送武判官归京》不仅惊艳了整个大唐，还流传千古，直到现在都保持着极高的传诵度。

“胡天八月即飞雪？真的假的？我就是新疆人啊，我们这里八月不下雪啊！”一位来自二十一世纪的好奇宝宝提出了他的合理怀疑。

唐朝人计算时间用的是阴历，唐朝的八月大概就是现在的阳历九月。近些年的新疆虽然冬季很长，入冬很早，但是初雪也得十月底才下，真的没冷到九月就下雪的份上。

难道，唐朝的气温和我们现在的气温不一样吗？

是的，真的不一样。

地球的温度一直都处于变化中，有史记载以来，中国经历了多个“温暖期”，中间被多个“寒冷期”断开。

中国处于“第一温暖期”时，居住在河南的商朝人还在驱策大象；处于“第二温暖期”时，西域的楼兰、龟兹等绿洲小国正蓬勃发展。

岑参写诗的时候，中国正处于“第三温暖期”。虽然这时候西域受上一段“寒冷期”的影响，绿洲面积已经有所缩减，楼兰国也已经变成了遗迹，但是大唐的气候勉强还称得上温暖。

大唐前期的气温较高，长安城甚至有将近二十个年头没有下过雪，皇宫里的橘子树甚至能结出柑橘来。[1] 但是自安史之乱前后，唐朝的气温渐渐下跌，岑参写诗时正是安史之乱的前一年。

可能在初唐的时候“胡天”下雪的时间还没有八月这么早，但是在天宝年间，西域确实已经渐渐冷到这般光景了。

在经历过宋末元初这个勉强算得上温暖的“第四温暖期”之后，中国又经历了明清漫长的“寒冷期”，现在的中国终于迎来了“第五温暖期”。

2021 年，中国全年平均气温比常年（1981 年 –2010 年）高出 1 摄氏度，是有史以来第三温暖的时期。[2] 南迁到云南近千年的象群似乎也有所感触，甚至已经开始踏上北上的旅程。

近些年的中国气温明显变高，新疆地区陆地广阔，比热容小，气温变化对其的影响必定要比东南沿海地区更明显一些。倘若气温仍然持续变暖，兴许“胡天见飞雪”的月份会更晚。

1　竺可桢《中国近五千年来气候变迁的初步研究》，考古学报，1972（1）

2　据《2021 年中国气候公报》。

忽如一夜春风来，
千树万树梨花开

天下谁人不识君

文/明戈

JUNZICHANGANLAI

01

隆冬呼啸的寒风刮透了少年单薄的布衫，背后的铁剑也冰凉刺骨。他的手已经冻得发紫，正攥着一只瓷碗，挨家挨户乞讨。[1]

虽然少年的衣服打满了补丁，但干干净净，讨饭食时也彬彬有礼，脊背挺直。

“不是教过你来着，你得跪着哭惨，这样是讨不到钱的。”一起乞讨的同伴道。

少年点头谢过，而后依旧按照自己的方式乞讨，黑白分明的眼睛里满是不卑不亢。

“怎么说不听呢，你姓犟啊？”

少年重新背好剑，转过头一字一句道：“我姓高，渤海高氏的高。”

02

不怪高适与他们画风不同。他的爷爷高侃乃唐朝一员戍边大将，曾生擒突厥贵族车鼻可汗，死后陪葬乾陵。虎将之孙，岂跪旁人？

按理来说，拥有此等背景的高适应该是个逍遥快活的富二代，可无奈高适家自从他爷爷去世后便开始没落，父亲又亡得早，他靠着几亩薄田和友人救济读完书后，便一直流落在外乞讨。

好在高适人穷志不穷，他最大的理想便是像爷爷一样，征战沙场，保家卫国。

为了寻找入仕机会，他来到了长安。

二十解书剑，西游长安城。

举头望君门，屈指取公卿。

国风冲融迈三五，朝廷礼乐弥寰宇。

白壁皆言赐近臣，布衣不得干明主。[2]

高适以为凭着自己一身的书剑功夫，可以在这偌大的长安城谋个一官半职，可现实给了他重重一击。

1 《旧唐书·高适传》：少家贫，客于梁、宋，以求丐自给。

2 出自高适《别韦参军》。

大唐风教鼎盛，胜过三皇五帝，朝廷礼乐也遍及四海。白玉珍宝都赐给帝王身边近臣，像他这样的布衣却不能拜见君主。饶是长安繁华似锦，和他也无半点关系。更何况，皇上似乎倦怠朝事，正沉湎于大唐的太平盛世中。

高适只得背起行囊，失落地离开了。

03

离开长安后，高适并没有放弃自己的报国梦，而是蛰伏了起来。

他来到宋城，一边过着躬耕生活，一边看书习剑充实自己，等待时机到来。

余亦惬所从，渔樵十二年。

种瓜漆园里，凿井卢门边。[1]

每日种田打鱼摘瓜砍柴，生活看似好不快活，可只有高适自己知道，等待的时间有多么难熬。说得好听叫厚积薄发，说得难听，其实就是怀才不遇。

后来高适听说大唐有位叫李白的诗人，能“会须一饮三百杯”，酒中成诗，潇洒至极。于是高适也拿起酒杯，想一解忧愁。

出门何所见，春色满平芜。

可叹无知己，高阳一酒徒。[2]

“我不过就是……一高阳酒徒罢了……”高适伏在桌上，口中喃喃。

那高阳酒徒，便是郦食其，后得刘邦赏识，被封为广野君。想到这里他自嘲地笑了起来，就算醉倒又怎样？喏，愁不是还在？

高适松开酒杯，手上满是拿锄头与剑的茧子，哪像个诗人。

“躬耕八年，不成诗，不成事。”

可到了第二日，醒酒后的高适撑起身子坐直，一丝不苟地整理好衣袍，而后继续习剑温书，仿佛昨日失态的并不是他。

“我乃虎将之孙，不可堕，不可懈。”他的目中泛出炯炯的光来。

1　高适《途中酬李少府赠别之作》。

2　高适《田家春望》。

04

开元十九年，契丹屡犯大唐边境。高适立刻拿起手中的剑，毫不犹豫只身前往燕赵。

边尘涨北溟，虏骑正南驱。

转斗岂长策，和亲非远图。

……

常怀感激心，愿效纵横谟。

倚剑欲谁语，关河空郁纡。[1]

卢龙塞风沙漫天，高适孤身一人骑在马上，扬鞭向前线飞驰。大唐的士兵们正在防胡备战，而敌人正气势汹汹驱马来犯，铁蹄扬起的灰尘笼罩了整个北海。

浓重的烟沙遮蔽了如血的残阳。高适忧心忡忡，担心军队打持久战会兵力不足，更哀叹和亲这种屈辱的缓兵之计。

高适赶到了朔方节度副大使信安王李祎面前，诉说自己的志向："我愿征战沙场，保家卫国！"

李祎摆摆手，让他离开了。

高适又马不停蹄赶到幽州节度使张守珪那里，再诉衷肠："请您给我个机会，让我上阵杀敌！"

张守珪也摆摆手，让他离开了。

风雨欲来，穹庐如幕。边关的将领都领足了封赏，自是无心边防。[2]

高适骑在马上看着惨淡的天色，只觉腰间的佩剑格外沉重。这偌大的塞外，竟也如长安，无他用武之地。

1 出自高适《塞上》。

2 高适《蓟中作》：岂无安边书，诸将已承恩。

05

高适在边塞奔走了四年，虽说没有被委用得以建功立业，却也开拓了眼界，更为自己的边塞诗创作积累了许多素材。

从那之后，他写诗不再是通过想象，他是真正见识过刀光、死亡和将士们的血泪的。

开元二十三年，高适从边塞回来，应征赶赴长安。他本想着，蛰伏沉淀这么多年，这次总该中举了，可惜造化弄人，他落第了。

他心灰意冷地离开长安，写下了这首《淇上别业》：

依依西山下，别业桑林边。

庭鸭喜多雨，邻鸡知暮天。

野人种秋菜，古老开原田。

且向世情远，吾今聊自然。

高适从长安出来，便在淇上靠近淇水的地方修了别业，过起了山林生活，与农人为邻。日出与他们喂鸭饲鸡，日暮便一起在桑林边看看斜阳。

农人不懂生活如此悠闲惬意，为何高适的面容却常常带着苦闷，更不懂大家都日落而息，为何高适的房里总燃着烛火。

屡屡受挫，高适又何尝不想就此放手，快活一生。可夜深人静时，他脑海里都是沙场上的战马嘶鸣，刀剑琮琤。于是他又揽衣推枕，研究起局势来。

开元二十四年，张守珪使安禄山讨奚、契丹，无奈“禄山恃勇轻进，为虏所败”[1]。

开元二十六年，部将赵堪等人假借张守珪之名，迫使平卢军使乌知义出兵截击奚族叛众。明明是先胜后败，可“守珪隐其状，而妄奏克获之功”[2]。

高适对此愤慨不已。此时，正巧一位从边疆回来的战士写了首《燕歌行》给他看，于是高适立刻应和一首[3]：

1　出自《资治通鉴·卷二百十五》。

2　出自《旧唐书·张守珪传》。

3　高适《燕歌行（并序）》：开元二十六年，客有从元戎出塞而还者，作《燕歌行》以示。适感征戍之事，因而和焉。

汉家烟尘在东北，汉将辞家破残贼。

男儿本自重横行，天子非常赐颜色。

摐金伐鼓下榆关，旌旆逶迤碣石间。

校尉羽书飞瀚海，单于猎火照狼山。

山川萧条极边土，胡骑凭陵杂风雨。

战士军前半死生，美人帐下犹歌舞。

大漠穷秋塞草腓，孤城落日斗兵稀。

……

君不见沙场征战苦，至今犹忆李将军。

汉将离国远去时是多么风光，多么威武荣耀。其“横行之姿”，就像樊哙吹嘘的“臣愿得十万众，横行匈奴中”[1]。

军中鸣金击鼓震天，各色旌旗摇曳，将军骄傲地带着士兵，大摇大摆走上了前线。

结果又如何？

边疆山川萧条地势平坦，无险可凭。敌人如疾风骤雨袭来，我们的战士用血肉抵御他们，铁蹄之下不辨生死，皆因赤胆忠心报国，不为功名利禄。他们都是别人的儿子、丈夫，有城南的家人在日日盼着他们归来。应对他们生死负责的将军却正躲在战场后方，舒舒服服地看着美人的歌舞。

“若是有李广那样的将军就好了。”

高适本不是常落泪之人，就连与知己分别，都不做沾襟之态。[2]可作罢此诗，他脸上已满是泪痕。

06

高适没想到的是，正是他这首泣血带泪的边塞诗，让他逐渐有了名声。

《燕歌行》本是一个乐府题目，属于《相和歌》中的《平调曲》，据说是由曹丕开创，

1 出自《史记·季布传》。

2 高适《别韦参军》：丈夫不作儿女别，临岐涕泪沾衣巾。

后人也学他用燕歌行曲调作闺怨诗。

高适是第一个用燕歌行曲调写边塞诗的，通诗极尽讽刺，自然广为流传。

高适也没想到，他后来会遇到曾听闻的那位饮酒作诗的高手，对方更是十分喜爱自己的诗。二人推杯换盏间，他得知了李白被赐金放还的过往。

可就算如此，李白也曾被帝王赏识过，也有过机会。

他呢，命运似乎从未垂爱过他。他的坚持与执着，在这官也腐败、将也腐败的时代像极了笑话。

高适不知道的是，在他躬耕失意八载，却仍旧带着满腔热血冲上战场的开元十九年，李白却因仕途失意，消沉放纵地与市井之徒为伍。

他也不知道，他所有蒙在灰尘里的坚守，都将有一天化为光，照亮他的理想。

07

幸而，高适没有放纵自己。

千里黄云白日曛，北风吹雁雪纷纷。

莫愁前路无知己，天下谁人不识君。[1]

这句“天下谁人不识君”便是最好的证明。不管受了多少打击，高适依旧对孩童时立下的誓言充满希望。

天宝八载，高适为睢阳太守张九皋所荐举，应有道科。

终于，他在已经四十六岁的时候，中第。

可即便是中第，也仅授封丘尉一职。一个芝麻大的小官，工作费力不讨好，换作其他文人，是正眼瞧都不会瞧的。

可高适接受了，只要命运给他一点点机会，他都会抓住。

天宝十一载，机缘巧合，他到了凉州河西节度使哥舒翰幕府任掌书记。

至此，高适人生的高光岁月终于到来。

1　高适《别董大》。

08

任掌书记后，高适随哥舒翰收复西河九曲，其战大获全胜。

结束浮云骏，翩翩出从戎。

且凭天子怒，复倚将军雄。

万鼓雷殷地，千旗火生风。

日轮驻霜戈，月魄悬雕弓。

……

古人昧此道，往往成老翁。[1]

天宝十四载，安史之乱发生。十二月，高适拜左拾遗，转监察御史，佐哥舒翰守潼关。

次年六月，安禄山叛军攻陷潼关。

危难关头，高适没有变节投敌，而是日夜兼程追上唐玄宗，向其汇报前线情况。玄宗当即封高适为侍御史。八月，擢谏议大夫。

此前多年间，高适的“厚积”终于没有白费，他不仅处处见解独到，更是敏锐地觉察到诸王分镇的后果，提醒玄宗。

肃宗即位后，他担任扬州大都督府长史、淮南节度使，辅佐其平定了那场他早有预料的永王之乱。

至德二载，高适又受命参与讨安史叛军，救睢阳之围。

就此，高适终于也成了一员虎将，实现了他保家卫国，救天下于危难的夙愿。

09

广德二年春，高适进封渤海县侯。

永泰元年正月，高适卒，追赠礼部尚书。

纵观整个唐朝，高适可以说是最飞黄腾达的诗人之一，潦倒为始，封侯为终，

1 出自高适《塞下曲》。

不知多少人艳羡。可只有他自己知道，他要的从来不是侯爵之位，而是护国的资格。

《燕歌行》里这一句“相看白刃血纷纷，死节从来岂顾勋”，既是写给那些战士的，也是写给他自己的。

那是不愧祖父，不愧家国，干干净净的赤胆忠心。

一如那个寒风中站得笔直的少年。

“我姓高，渤海高氏的高。”

莫愁前路无知己，
天下谁人不识君。

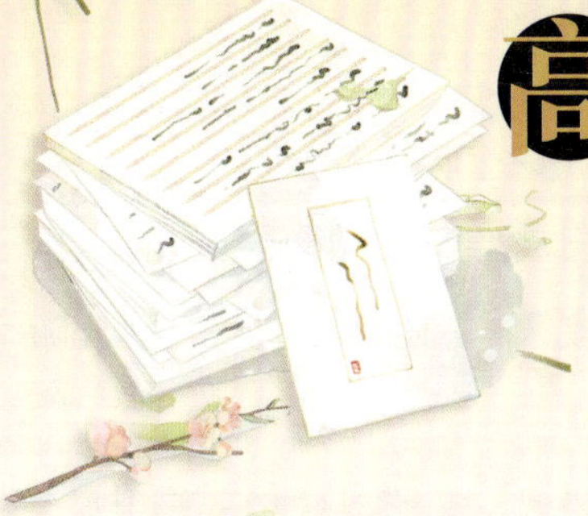

高适寄家书

文 / 优富

JUNZICHANGANLAI

01

大唐天宝九载秋，高适第二次北上出塞至夷军[1]送兵。这差一出就是半年多，连年都是在塞外的驿馆过的。

除夕之夜，窗外寒风呼啸飞雪漫天。别说是烟花爆竹，就连灯笼烛火的光都寥寥不可见。

高适想家了。

思乡之情凄苦难耐，他辗转反侧半夜没能睡着，起身写了一封家书。

旅馆寒灯独不眠，客心何事转凄然。

故乡今夜思千里，霜鬓明朝又一年。[2]

往年除夕，他都是在家中跟父母妻儿一起过的。全家人聚在一起聊天守岁，孩子们捻着香在庭院里放鞭炮，既热闹又温馨。而今他客居在外，家中独少他一人。

家里人今天晚上应该也在思念着在千里之外的他吧？

高适写完家书，再次打开窗，朝家乡的方向望了很久。其实这样的张望并不能

1 此处有两种说法，也作“青夷军”。

2 高适《除夜作》。

缓解他对家乡的思念，倘若可以，他真的想化得身千亿，全都散上峰头一起望故乡。[1]

次日，高适早早起床，准备将自己的家书寄出去。

02

在寄家书之前，高适又仔细看了一下自己的信件。

家书只写几行诗，似乎太短了，不足以表达他对家乡和亲人的想念。

高适想了想，又提笔补了几页，着重讲了一下自己在塞外的生活，跟家里人描绘了一下塞外的雪景和边地的狂沙。怕描述得不直观，高适还用纸包了一点沙土随书附寄。

在驿馆寄送书信时附带东西也算是比较常见的事情，像高适这种在家书里塞一点沙土的倒也不算特别。

风雅一点的人"折梅逢驿使，寄与陇头人"[2]；贴心一点的人会给戍边的父兄寄送一些厚棉衣；甚至给亲人寄送咸鱼的也有。

其实寄送咸鱼的习俗倒是由来已久。汉朝的乐府诗里就有给在外戍边的亲人寄送鲤鱼形状的木盒，鱼腹藏有家书的记录。

客从远方来，遗我双鲤鱼。

呼儿烹鲤鱼，中有尺素书。

长跪读素书，书中竟何如？[3]

上言加餐食，下言长相忆。[4]

想到这里，高适心有所动，特地准备了一些塞外土特产，打算包起来一起寄给远方的亲人。

准备好要寄送的包裹之后，高适又反复打开包裹清点确认，唯恐哪里出现差错。

1 引用自柳宗元《与浩初上人同看山寄京华亲故》：若为化得身千亿，散上峰头望故乡。

2 出自陆凯《赠范晔诗》。

3 此处有两种说法，也作"其中意何如"。

4 出自汉乐府民歌《饮马长城窟行》。

寄家书的人里面像高适这样小心谨慎的也不在少数，诗人张籍在给亲人寄家书的时候也是一样——“复恐匆匆说不尽，行人临发又开封”[1]。

驿使这事儿见得多了，倒也可以理解大家心情。

邮寄家书时能捎带的实物有许多，但是大家若以为信差只能邮寄实物，那格局就有些打不开了。

高适的朋友岑参在西北军中任职时思念家乡，恰好遇见了一位要回京汇报军情的使者，可以帮他给在京中的亲人带个信儿。

岑参当时几乎要喜极而泣，不过美中不足的是，两人见面的时候岑参正骑着马在外值勤，并没有随身携带纸笔，想写一封家书都困难。

使者有任务在身，着急要走，岑参只能让使者帮他带个口信，给家里人报个平安。

故园东望路漫漫，双袖龙钟泪不干。

马上相逢无纸笔，凭君传语报平安。[2]

想到家乡，岑参的鼻子有些发酸，泪水沾湿了衣袖。

03

信件和随书附寄的包裹都准备停当之后，高适找到一个竹筒，将书信卷好装到了里面。

其实高适最开始考虑过用信封，但是塞外距离家乡甚远，一路山高水长，普通的信封和这么多土特产挤在一起，只怕会有折损，还是硬实的竹筒保险一点。

驿馆在寄送官方政令军情的时候一般都会用正式的信封，驿使一见就知道是重要公文，保管会更加谨慎。

不紧急的公文运送会慢一些。倘若遇见战事紧急的情况，信封上都会插上羽毛，信使见到“羽檄”后将快马加鞭、不分昼夜地将信件送到目的地。

1 出自张籍《秋思》。

2 岑参《逢入京使》。

军情紧急至此，别说驿使不眠不休，就连累死几匹马也是常事。

李白就曾在《古风》里写过：“羽檄如流星，虎符合专城。喧呼救边急，群鸟皆夜鸣。”

除了有专人骑马寄送信件之外，飞鸽传书也为大唐的通信事业做出了不小的贡献。

最开始使用飞鸟传递书信的是苏武，《汉书》里面记载，苏武在出使匈奴的时候被匈奴单于扣押，一困就是十九年。苏武在匈奴饲养大雁，将自己的消息写在布帛上，系在大雁的脚上。汉武帝在上林苑射到一只大雁，在雁足上发现书信，才得知苏武的消息。

之后就有人开始饲养飞鸟用于通信，其中效果最好的就要数白鸽。张骞和班超先后出使西域，都曾用信鸽传递消息。不过那时候飞鸽传书的规模尚小，到唐朝时，已经有人专门饲养信鸽，大量用于通信。

在陆地上，人们以驿马通信为主，但若是走水路，就完全是信鸽的天下了。《唐国史补》记载：“南海舶，外国船也，每岁至安南、广州……舶发之后，海路必养白鸽为信，舶没，则鸽虽数千里，亦能归也。”

高适自然不敢劳烦寄送羽檄的信使，这样重的包裹信鸽也载不动，思来想去，他还是打算去驿站求一匹驿马。

04

正所谓“每逢佳节倍思亲”[1]，来驿馆寄信的人很多，提着小包裹的人乌压压一片。

高适拎着家书和要寄回家里的土特产，看见前方排成长龙的队伍，突然陷入了沉思。

驿馆是官办的通讯处，主要职责是为朝廷传递政令军情。虽然朝廷并没有明文规定不许官员士卒“私书附递”，但是私人邮寄书信的需求并没有被驿馆考虑在内。

一般来说，信使不会特地为某官员寄送私人信件。但是若赶上好时候，官员小

1 出自王维《九月九日忆山东兄弟》。

吏的私书与官书的邮寄目的地一样，驿使顺路也就帮大家捎过去了。

若是驿馆里要寄的官书少、私书多，驿使不顺路、不方便，那大家的家书十有八九要寄不出去。

高适有些懊恼，丧气地离开驿馆，决定找个私人驿驴再碰碰运气。

自隋以来，天下一统，南北相通，朝廷开运河、修驰道，百姓无论是出行还是通信都要比之前方便很多。许多有想法的商人就看到了大家的通信需求，抓住机会，办起了私人客店。

私人客店跟官办的驿馆模式相仿，不过官办驿馆多用驿马，私人客店条件有限，只能用各方面条件都差一点的驿驴。

驿驴主要服务于有通信需求的百姓，有偿为大家寄送信件，价格便宜，服务周到。

李白和杜甫就是驿驴的常客，经常会通过这些商人帮忙寄送信件。

瞿塘饶贾客，音信莫令稀。[1]

幸君因旅客，时寄锦官城。[2]

但是驿驴毕竟是私人产业，商人逐利，一般都把店开在繁华阜盛人口众多的州县，荒无人烟的边塞驿驴就比较少了。

倘若遇见时局不稳、兵连祸结的情况，想找到靠谱的私人客店更是艰难。

许浑和韦庄就曾遇见过想寄家书但是寄不出的情况。

欲寄家书少客过，闭门心远洞庭波。[3]

乡书不可寄，秋雁又南回。[4]

安史之乱时期，杜甫也曾遇见过这样家书难寄的情况。烽火连天的年景，别说民办的客店，就算是官办的驿馆也会大受影响。偶尔有一些大胆的商人，为了求财，仍然愿意在战火中寄送书信。“烽火连三月，家书抵万金”[5]，便是这个原因。

高适自然知晓在塞外寄家书的不易，但是他并没有气馁。

1　出自李白《江上寄巴东故人》。
2　出自杜甫《送段功曹归广州》。
3　出自许浑《郑秀才东归凭达家书》。
4　出自韦庄《章台夜思》。
5　出自杜甫《春望》。

他在塞外奔波半日，终于找到了一个开私人客店的商人，虽然价格高了些，但总归是把家书寄了出去。

05

一封家书能寄出去已经成功了一半，剩下的就是等待。

之前高适给朋友寄信，十次里总会丢个两次。想到这里高适就有些气愤。

寄信难，能收到信也很艰难。不过信寄出之前一切都还可控，寄出去之后那就只能听天由命了。

诗人李中就曾给自己的堂弟寄过一封家书，不过信件意外丢失，李中难受了很久。

落絮飞花日又西，踏青无侣草萋萋。

交亲书断竟不到，忍听黄昏杜宇啼。[1]

但这也都是小概率事件。一般来说，大家找顺路的官驿驿使，或者选择有信誉的私人客店，基本上都是能把家书顺利送到的。

王驾出塞任职时就经常和妻子陈玉兰通信，陈玉兰不久前刚给丈夫寄去了厚征衣，很快就收到了王驾寄来的家书。不过信件寄来寄往之间有时差，陈玉兰没有看见丈夫提及征衣的事情，所以就又修书一封询问丈夫：“夫戍边关妾在吴，西风吹妾妾忧夫。一行书信千行泪，寒到君边衣到无？”[2]

如果说丢信是偶然事件，那送信慢则是必然事件。

毕竟不是紧急军情，无论是驿馆还是客店都没有必要累死几匹牲畜帮大家寄送家书。如果送信过程一切顺利，信件大概会在一两个月内到达亲人手中。倘若事不凑巧，也会碰见三五个月仍然送不到的情况。

杜甫和杜牧就曾饱受送信慢的苦恼。

寄书长不达，况乃未休兵。[3]

1 李中《钟陵禁烟寄从弟》。

2 陈玉兰《寄外征衣》。

3 出自杜甫《月夜忆舍弟》。

远梦归侵晓，家书到隔年。[1]

家书送出去，隔年才能到故乡。若是外出公干的时间短一些，可能人都回乡了，家书还没送到。

虽然过程艰难，前途未卜，但是高适仍然对自己的这封家书充满了期待。

无论如何，希望总是要有的！

06

大唐天宝十载暮春，结束塞外公干的高适准备返回都城长安，在动身前正好收到了来自家乡的回信。

家乡的亲人果然像他想念他们一样想念着他，希望他身体健康，更期盼他早日平安归来。

或许是因为沟通不易、书信难得，所以这些书信显得特别贵重。

高适几次出塞，万里不惜死，无非是想要守护自己的家园和家人。虽然沟通不便，但是能知道大家都平安便已得安心。

或许未来通讯会更便捷，但是戍边将士为国为家的心大抵是永远都不会变化的。

他收起家书，跨上骏马，再次踏上了属于他的征程。

1　出自杜牧《旅宿》。

边塞旅行手记

文 / 明戈

先导

诗人笔下的大唐风光，不只有华灯璀璨的长安城、温软空蒙的烟雨江南，更有辽阔壮丽、充满异域风情的边疆。

此次边塞之行，将由几位诗人带队，由他们亲自为大家介绍自己走过的路、欣赏过的风光。我们也将跟随他们的脚步，一同欣赏大唐边塞的迷人景致。

L V X I N G T U J I A N

第一站：凉州

（甘肃武威）

《使至塞上》

单车欲问边，属国过居延。

征蓬出汉塞，归雁入胡天。

大漠孤烟直，长河落日圆。

萧关逢候骑，都护在燕然。

导游：王维　　推荐指数：★★★

“大家小心风沙。”王维一边语气温柔地叮嘱，一边停下脚步。

“这里是凉州之北的沙漠。开元二十五年的春天，我曾出使凉州，察访军情，有感于大漠美景，而作下此诗。”

王维不再说话，静静眺望起了远方。

荒无人迹的大漠宛如一片金黄沉默的海，平平展展向前铺去，直到远处才有耸起的波浪状的沙丘。

孤烟直上云霄，一旁如车轮大的血色落日，正悬在马成河上，将河水与天地都映得金黄，壮美得动人心魄。

在硕大夺目的圆日下，几只大雁如黑色的剪影般振翅飞过。那是这辽阔苍茫的画面中唯一的生命体，却让这幅画卷显得更加孤寂凄凉。

“荒漠单调。旋风卷成的烟柱与烽火台燃起的浓烟是为数不多的景观。”王维回过头，无奈地笑了一下。

“再往西走就是敦煌。过了敦煌向上行是玉门关，向下是阳关，会有别的导游与你们同往，我还要去萧关，就不一起了。”

或许因为王维当年是被排挤到此处的，他的面容显得有些忧伤。

他转过身去，身影单薄得如自己诗中的飘蓬，带着这首《使至塞上》，一同融入了这片大漠与边塞灿烂的落日余晖中。

第二站：玉门关

（甘肃敦煌）

Yumenguan

《关山月》

明月出天山，苍茫云海间。
长风几万里，吹度玉门关。
汉下白登道，胡窥青海湾。
由来征战地，不见有人还。
戍客望边邑，思归多苦颜。
高楼当此夜，叹息未应闲。

《从军行》

青海长云暗雪山，孤城遥望玉门关。
黄沙百战穿金甲，不破楼兰终不还。

导游：李白、王昌龄　　推荐指数：★★★★

李白左手端着酒，右手抚了下胡须，而后悠悠指向远方。

天边明月皎皎，自远处的天山升起。天山被皑皑白雪覆盖着，莹亮似玉。山峰四周环绕着茫茫云海，浩渺如烟。圆月与山尖都掩在云里，云浪翻滚流转，宛如活过来的水墨画。

“玉门关始建于汉武帝时期，是重要的交通要塞。那时驼铃悠悠，商队往来，好不热闹。因修筑酒泉至玉门间的长城，有着二十座烽燧的玉门关自然也成了重要的屯兵之地。

“可浩荡肃杀的秋风从遥远的西面吹来，横扫玉门关，就像胡人贪婪地觊觎着我们的河山。”

李白饮了一口杯中的酒，继续道：“王之涣曾写过一首《凉州词》——黄河远上白云间，一片孤城万仞山。羌笛何须怨杨柳，春风不度玉门关。

“大河奔涌着，渐行渐远，消失在缭绕的云中。而在黄河源头的万仞绝壁中，是一座孤城，这孤城便是玉门关。这片征战地历来无人还，也历来无春风。这关塞的土壤上，洒的尽是冰凉的征夫泪。”

李白的话语中带了些朦胧的醉意。随着他的介绍，这座军事关隘似乎也蒙上了一层淡淡的悲伤。

“李兄这话可不尽然。”一个爽朗的声音响起，王昌龄走了过来。

“青海湖面升起的层层云雾，遮蔽了雪山，遥遥望着远方的玉门关，辽远悲壮。虽然景色暗淡哀伤，可将士们的金甲依旧明亮。他们壮志不灭，向着前方发出震天怒吼，定破楼兰！”王昌龄眼中泛着炯炯的光。

伴着他的言语，这份炽热的爱国之情，令眼前的玉门关浑厚豪迈起来。

透过被百年风沙侵蚀的粗糙墙壁，恍若能窥见当时金戈铁马的战场，能体会到战士们不畏死亡、以血卫国的英雄本色。

两位诗人为大家指了指下一站的方向，随后相视一笑，似乎言说着“夜郎的月亮……”，一同把臂离开了。

剩下的，唯有眼前这座从汉时便横亘于此的玉门关。从繁华到日渐荒凉，几经迁移，再到最终被废除，它在大漠中孤独坚守了千年。和着征夫泪与将士血，以破损之躯，熠熠生辉。

第三站：天山

Tianshan

《白雪歌送武判官归京》

北风卷地白草折，胡天八月即飞雪。

忽如一夜春风来，千树万树梨花开。

散入珠帘湿罗幕，狐裘不暖锦衾薄。

将军角弓不得控，都护铁衣冷难着。

瀚海阑干百丈冰，愁云惨淡万里凝。

中军置酒饮归客，胡琴琵琶与羌笛。

纷纷暮雪下辕门，风掣红旗冻不翻。

轮台东门送君去，去时雪满天山路。

山回路转不见君，雪上空留马行处。

导游：岑参　　推荐指数：★★★★

明明才八月份，长安正是酷暑时节。这里已经北风萧萧，漫天飞雪。遥遥望过去，大地也是一片素白。

只是这片白色中，还掺杂了些被折断的细长条状物。

“这是白草，西北特有的一种牧草。”岑参穿着厚厚的狐皮袍，走过来解释道，“因为这种草晒干后会变为白色，所以得此名。

“这里的景色与气候，和中原大不相同。虽然冷，但别有一番魅力。”

他笑吟吟地说着，用指尖轻轻点了下树枝上的积雪。

这千万棵树，都已经被覆上了一层薄雪。远远瞧着，像是树上开出了一片皎白梨花。

再向上看去，是天山的主峰。由于今日下了雪，天气阴沉，所以山峰不甚分明，一切都掩在了厚重灰白的云中。

“若是晴天，阳光照射在洁白的主峰上，会泛出金色的光来。山峰璀璨透明，像琉璃一样，美不胜收。”

岑参说罢，突然一阵风刮过。他裹了裹身上的袍子，递过来一壶热水，叮嘱道：“八月飞白雪，九月风似刀[1]。雪山地区寒冷，切莫忘记做好保暖。而且这里地势颇高，刚来的将士们都会偶感头晕目眩，大家也要多多注意。

“下一站也由我来讲解，不过我要先送一位故友回京，随后便到。”

山回路转，很快便不见了岑参的背影。

北风依旧呼啸着，送来远处缥缈的琵琶、胡琴与羌笛的声音。

大唐与胡地的乐器共奏，宛如两种文化交织缠绕着，荡开层云，飘向天山。

第四站：火山 Huoshan

（新疆吐鲁番盆地北部）

《火山云歌送别》

火山突兀赤亭口，火山五月火云厚。
火云满山凝未开，飞鸟千里不敢来。
平明乍逐胡风断，薄暮浑随塞雨回。
缭绕斜吞铁关树，氛氲半掩交河戍。
迢迢征路火山东，山上孤云随马去。

导游：岑参　　推荐指数：★★★★★

赤亭的驿站外，响起由远及近的急促的马蹄声。

1　引用自岑参《赵将军歌》：九月天山风似刀，城南猎马缩寒毛。

岑参一勒缰绳，侧身下马，动作干净帅气。

“看过了雪山，没想到我会带大家来火山吧！”岑参整了整衣衫，笑着走来。

“不过这火山可不是会喷发的火山，它又名火焰山，维语叫‘克孜勒塔格’，直译为‘红山’，这就好理解多了。

“它主体皆为红色的赤砂岩，在强烈的太阳照射下，砂砾会反射日光，灼灼生辉。热浪翻滚着直冲云霄，像极了整座山都在燃烧。”

此时正值黄昏，日头西落，气温已经下降了许多。可满天红透的晚霞，映衬着赤色的山体，看起来仍有火舌燎天之姿。

“若是正午来到此处，肌肤直接与地表接触会被烫伤，沙窝里放枚鸡蛋都可炙熟。”

怪不得这里岩石裸露，寸草不生，也无飞鸟。

如此极热之地，怕是没有什么人愿意来。除了现在装备齐全的游客，那时怕是只有……

“我曾在此送别好友出征。”岑参注视着火山东边，坚毅的眼神中划过一丝不易觉察的担忧。

多年的军旅生活，早就将他的性格磨砺得坚韧无比。面对离别，他只移情于景，绝不做沾襟之态。

可这种军人的隐忍，在漫天霞光下更显动人。

在这座绯红的火山上，土地并赤胆一同燃烧。

第五站：营州

Yingzhou

（辽宁西北部一带）

《营州歌》

营州少年厌原野，狐裘蒙茸猎城下。

虏酒千钟不醉人，胡儿十岁能骑马。

导游：高适　推荐指数：★★★

“这边！”高适似乎受到北方粗旷民风的影响，声音也变得雄浑起来，热情地挥着手招呼大家。

离开了黄沙漫漫的西北边塞，旅行团来到了水草丰腴的东北边塞。

这里水系众多，平原广阔，地理条件优越，所以居住于此的少数民族十分擅长骑马打猎。

“和长安城的公子们不同，这儿的少年是穿着狐裘在草原上奔跑着长大的。这里尚武风气浓厚，十岁大的小儿便已经能骑马了。”高适边往前走边慢慢介绍着。

平原一望无际，满眼碧绿。天空湛蓝如洗，朵朵白云悠悠飘着，和地上洁白的羊群相衬，美得十分惬意。

“再往那边走便是丛林，当地人常在丛林里打猎。”高适说罢还竖了竖拇指，“少年们的技术相当可以。”

高适的语气听起来十分开心，或许因为他自幼好侠，而这里有刀有马。

“对了，这边还盛产一种酒，叫虏酒[1]。虏酒味道相当不错，大家一会儿可以尝一尝。虽说当地人饮千杯不醉，但他们本就好饮，大家还是不要贪杯哦。”

高适话音刚落，几个骑着马的少年如风般从他身侧掠过，还恶作剧似的回头冲他吐了吐舌头。

高适却全然没有被冒犯的意思，反而席地而坐，笑着看少年们绝尘而去的背影。

或许这便是诗人们可爱的地方吧，他们能忽略民族与文化的差异，欣赏赞扬不同的民风，在人生逆旅时也不忘记录沿途的风景，在艰苦冰冷的环境中依旧发现美好。

大漠、落日、雪山、孤城……在他们的笔下，边疆绝不单单只有景色，还有血肉有骨骼。

这才是真正属于大唐的边疆。

1 旧称北方民族所酿的酒，王安石的《胡笳十八拍》中也曾提到，“破除万事无过酒，虏酒千杯不醉人”。

山水眠

第三章

晴空一鹤排云上，便引诗情到碧霄

王湾

潮平两岸阔，风正一帆悬

文 / 迟暮

01

早春尚寒，高墙之外，蜡梅正暗吐芳香。蜡梅树下围着许多人，却无人有心赏玩这盛放的梅花。他们看向不远处严兵把守的大门前，有人踮脚，有人碎语，皆是焦急等待的样子。

不久，两扇宽厚的红漆木门吱呀一声响，缓缓打开了一条缝。

有人高呼道："出来了出来了，可算是考完了。"

许多着学子袍的考生鱼贯而出。人群中，有一个书童张望许久，才把目光锁定在一个略微疲惫的身影上，书童咧嘴一笑凑上前去："公子，你可算出来了，咱们赶紧回客栈洗个热水澡。我打出门前就和掌柜的交代了，此刻正给你炖着汤呢。"

被书童扯着衣袖的王湾咧嘴笑了，虽略有疲态，但那笑容掩不住青年独有的风华。他问："你怎么不问问我考得如何？"

书童呵呵一笑，神色竟也有些自得："旁人如何我不知，但公子的学识和才华小的还是知晓的，公子何时让人担心过这个，小的早就把心放回肚子里了。"

王湾看书童一眼，忙道："低调慎言，我的心尚且提着呢。罢了，一切自等那放榜之时，也就明了了。"

书童心大，乐呵呵在前头带路，反倒是王湾心事重重。他还想着先前的试卷，琢磨着自己的答案是否恰当，想着想着，便又生出几分紧张来。

苦读多年，可别在这临门一脚的时候掉了链子才好，王湾心中默默想道。

02

等放榜的日子轻松又煎熬，轻松的是终于没有科举考试压在心头，煎熬的是那还未张榜公布的成绩就像是悬在人心里的石头。

一时之间，考生们暂住的客栈气氛竟比考试前还要紧张。王湾亦紧张难安，只不过他不像其他同窗那般想着法儿地转移注意力。大多时候，王湾就把自己关在房内，看些自己搜罗来的诗书，慢慢地，倒也静下了心。

张榜那日，王湾和书童都起了个大早。贴榜之处已经围了许多人，有嘴里念叨着“菩萨保佑”的，也有焦急跺脚的。王湾暗自捏着拳头，目光也未曾从那将要贴榜的地方挪开过。

终于，官差把一张张红榜贴到了墙上。王湾深吸一口气，正要看那榜单，身旁眼尖的书童已经跳了起来：“中了中了！”

进士及第，对王湾来说就像是做梦一样，直到他到了荥阳成了主簿，才回过味来，自己是真的考上了。

身上有了官职，王湾开始认真学习为官之道。官场极能磨炼人，穿上那身官服后，王湾切身体会到担在自己肩上的义务与责任。

转眼已是几个春秋，几年间，王湾做着尽职尽责的父母官，闲暇时便和群书为友，日子过得格外充实。不过王湾自己也想不到，他这爱看书好进取的习惯，不经意间给他带来了一段机缘。

03

正值春日，天际叠云，几道闪电划过天空，轰隆一声响，一阵急雨匆匆降下。

门廊外走来一个抖着衣袍揩着身上水痕的人，人未走到近前，声音先传了过来：“为德兄当真雅兴，春日落雨时节，就当是烹新茶作配。”

王湾笑着替来访的同僚斟了一杯热茶，道：“品茗看雨，也是一桩风雅事。你来得正好，尝尝我这茶如何。”

“茶不打紧，愚弟近日来，是有桩事要同兄长说。兄长可知，昭文馆学士马怀素大人奏请校正群籍，适时正广招博学之士。以兄台才情，定可当选，何不尝试一番？”

这盏茶，王湾喝得有些走神。爱读书之人自然爱书，校正群籍对王湾来说着实是件十分诱人的差事。这不仅有益于后世，且校正书目时，亦在博览群书，岂不两厢美哉。

等京城的消息时，王湾心中那紧张的情绪不亚于当初科举之后等放榜的心情。好在结果不曾令他失望，没过多久，入选的消息便从京城送到了他的手中。

这一年，是王湾为官的第五年。

04

正式开始校正书籍前，趁着尚有余闲，王湾开始了他的江南之行。

如果说北地的磅礴大气之景让王湾深受震撼，那第一次去江南，领略到和自己生活多年的北地全然不同的另一种山水风貌，王湾更多的是感到新奇与着迷。

“江南竟是如此婉约清新的地方，湖光山色，各有婀娜啊。”

望着江南景致，王湾心情愉悦至极。陪在身边多年的书侍道：“第一次跟着大人来江南，真是开了眼界。都是咱们大唐的土地，江南和洛阳竟是截然不同的两个样子。”

王湾呵呵一笑：“天下之大，东南西北，各有千秋啊。昔日我读书时，常读那些赞扬江南美景的诗作，心驰神往已久。如今看来，诗作千万，道不尽这江南美景一二。”

王湾毫不掩饰自己对江南景色的赞赏，书侍也跟着深吸了一口气，略带湿意的空气夹杂着花香草香深入肺腑，令人格外舒坦。

“这江南，往后该常来才是。”王湾赏着景色，心中默念道。

05

短暂的江南之行让王湾彻底爱上了这里，惬意过后，便到了王湾该去工作的时候。

但谁都没想到，校书之事尚未开始，王湾和一众入选的同僚先参加了一场丧礼——马怀素学士离世了。灵堂之中，气氛格外低沉，王湾和前来吊唁的同僚皆目中含泪。王湾恭敬地给马怀素学士上了香，用只有自己能听到的音量道：“下官感念学士知遇之恩，学士未完心愿，下官定竭力为之。”

不久后，元行冲代行马怀素之职，校正群籍之事也正式提上了议程。

王湾和刘仲丘合治集部图书，两人花了五年时间，和其他同僚一起完成了《群书四部录》。

交差那日，所有人都长舒一口气。

即将与共事多年的刘仲丘告别，王湾多少有些不舍。王湾备了酒，同刘仲丘饯别。

酒过三巡，刘仲丘问："为德兄接下来作何打算啊？"

这话可真真问到王湾心里去了，他抚须一笑："趁有清闲，又将至初春，如此时节，怎能不去江南？"

这简直是刘仲丘意料之中的答案，一起校正书籍的这五年，但凡有空闲，王湾就喜欢去江南游玩，简直成了官署里安利江南的第一人。

刘仲丘接着问："为德兄去了江南很多次了，这次又发现了什么好去处啊？"

王湾面露向往之色，道："此番，欲沿长江而行。"

06

王湾再一次带着书侍踏上了下江南的旅途，或许是校书一事告一段落，这次出游时王湾心情格外轻松。

冬末春初，北地尚且严寒，但越往南走，天气便越温暖。阡陌小路两侧，开满了不知名的小野花，红粉黄白，各有特色。山峦也不似北地那般仍有枯色，浓绿之中，已冒青芽。

王湾很期待这次乘船之行。如今他的船正行驶在长江的碧波之上，水波晃荡船身摇曳。走到甲板王湾才发现，竟已行至江中，景致一片开阔。

如此美景，若无诗词岂不辜负。王湾望着四周美景，文思如泉涌："客路青山外，行舟绿水前。潮平两岸阔，风正一帆悬。海日生残夜，江春入旧年。乡书何处达？归雁洛阳边。"

江南行结束后，随着王湾一同回到北方的，还有他所作的这首《次北固山下》。

宰相张说很欣赏王湾的这首诗，亲自书写并悬挂于宰相政事堂上，作为文人学士学习的典范。王湾自己也想不到，他诗中所表现的壮阔高朗的气象，对盛唐诗坛产生了极大的影响。

07

虽一诗成名，但王湾依旧是从前那个王湾，不骄不躁。

他又和陆少伯等人一起，对丽正书院的藏书进行了编校。几年过去，书成之后，王湾也终于迎来了他应有的嘉赏，被授予洛阳尉一职。

升了官，王湾却并没有觉得非常开心。如今的他年岁渐长，功利之心日渐淡泊。在他看来，官场远不如山水有趣。

这种心情，在王湾后来写的《奉使登终南山》中可见一斑——“辛苦久为吏，劳生何妄执。日暮怀此山，悠然赋斯什”。

在山野之中的隐逸生涯比当官快乐多了，王湾惊觉，自己的年纪已经将近知非之年了，不再是一心求学、为了科举考试紧张担忧的少年，亦不是初入官场、小心谨慎恪守为官之道的青年，也不是校正书籍、严谨专注字字斟酌的中年人。回溯这一生，最令王湾觉得轻松快乐的时光，当数他数次游历江南的时候。

08

“大人已看了这些珍藏的山水诗画许久了，不如歇息会儿吧。”

王湾扭头看向一旁说话的书侍，他如今也已经头发花白，上了年纪了。

王湾目光贪恋画上江南，语气颇有些怅然：“年纪大咯，早已不像往日，心中想念江南风光，收拾行囊去便是。如今啊，只能从这些画中诗中，回忆几分江南风光了。”

在一个微雨的日子，躺在榻上的王湾与世长辞。

他这一生，前二十年挑灯苦读，后数十年校正群籍，自己留给后人的诗作却只有寥寥十数篇。

后世对王湾的记载极简，区区百字便涵盖其一生。可窥其诗作不难发现，王湾爱书，更爱江南。

独怜幽草涧边生

文 / 白斩鸡

阴雨连连的时节，即便已是春日，天亦黑得很早。

连续守了几日夜景而不得，韦应物也不觉得急躁挫败。涧边小亭一盏灯静静地亮着，他不疾不徐沏一壶清茶，等一位小友。

不多时，身后传来窸窣声响，是有人沿着山路小跑而来。那人停在韦应物的身边，才微微喘着气道："先生，实在抱歉，我来晚了。"

山风带来凉意，韦应物将杯盏推向眼前少年，温声道："不碍事，坐吧。"

"谢谢先生！"少年展颜一笑，问道，"今日我们讲什么故事？"

韦应物与这位少年并非旧识，他们不过是在两日前于此处偶遇。

滁州依山，山间流水为涧，出城来此也有不近的距离，加之雨多晴少泥路难走，因此韦应物对这位年轻人的到来十分意外。

少年浑身湿透，脸色苍白，韦应物没有多问，递给他一杯热茶。

世人多无奈，他们默契地沉默着。

过了一会儿，少年带着浓浓的鼻音，声音闷闷地问："先生，你做过官吗？

"我爹总是管着我，让我读书，考科举，长大以后就去做大官。他说做大官是光宗耀祖的事，也不会再受人欺负。

"我爹是生意人，我知道这些年来他有多辛苦，可是……可是我就是不爱读书。先生，做官真的有那么好吗？"

少年抬起头，目光灼灼地看着韦应物，迫切地希望得到一个回答。然而韦应物抿一口酒，平静地望向远方，神色淡淡，情绪难辨。

"世间之物千万，有人流连市井巷陌，有人孤身如山，只为寻一轮圆月。这个答案，要你自己去求。"

长大了就去做官，在很多年前，韦应物也这般畅想自己的未来。

韦家祖祖辈辈入朝为臣辅佐天子，韦应物也不例外，年纪轻轻就成为了皇帝的近侍。按部就班，终其一生，韦应物没想过其他选择，以为自己也会像祖辈一样，将一辈子奉献给至高无上的君主。

只是谁也没料到，一场巨大的动乱彻底改变了韦应物的人生——安史之乱。

韦应物曾见过最盛大的繁华，那是辉煌映丽、迷乱人眼的。威严的皇帝高高地坐在龙椅上颔首俯视，底下是乌泱泱的虔诚跪拜的臣民，以及外藩派来朝觐、捧着珍稀贡品的使臣。皇宫里歌舞升平，民间亦热闹非凡。商人牵着骆驼穿梭于街市，货物贩售的叫卖声此起彼伏，美丽的异域少女偷偷地瞧着对面俊俏的青年，掩不住脸上含羞带怯的笑。

分明是鲜活可爱的人间，如今想来，却好像是一场美丽至极的梦，一夜之间被马蹄踏碎，变成了浑浊的泥色，一片荒芜。

韦应物永远忘不了那日，宫门大破，万人之上的皇帝从神坛跌落，慌不择路地逃跑。而他自己也与朝廷众人走散，落入了泥潭。

许多年后，韦应物想起那段时日仍忍不住感叹：

“生长太平日，不知太平欢。今还洛阳中，感此方苦酸。”[1]

正是从那时起，韦应物发觉自己与过去不同了。

“人间冷暖，爱恨嗔痴，也许是看到了太多，后来才有了想要念书的想法。”韦应物自嘲一笑。

一旁的少年瞪大了眼，看着面前这位身穿素衣却掩不住翩翩风度的男人，他似乎很难理解这句话：“我以为先生会是那种……”

少年思考着形容词，韦应物开了个小玩笑：“那种别人家的小孩？天才少年？”

少年“嗯嗯”应声。

韦应物却摇头道：“人总是要经历许多事才会长大的。”

绝境如果无法毁灭一个人，那么它将使人成长，直至脱胎换骨。

那段人生中至暗的日子，韦应物已经很少去回想。年轻时的自己或许无数次地质问过，为什么会这样，为什么会是自己？但是许多年后的现在，他已经不再纠结于这种问题。

1　出自韦应物《广德中洛阳作》。

大抵是太过劳累，少年没多久就趴在桌上睡着了。翌日醒来时，他发现自己身上披着一件颜色与款式都十分素净的外衣。少年下意识抬头寻找，发现果然是先生守了自己一夜。

韦应物站在檐下，望着远处湍急的水流。也许是太久未与人有过昨夜那般交谈，也许是今晨的西涧景色足够特别，他忽然有了创作之感：

“独怜幽草涧边生，上有黄鹂深树鸣。春潮带雨晚来急，野渡无人舟自横。”[1]

韦应物将少年送回家。直到见到父亲，听到那一声“刺史大人”，少年才知道自己遇到了什么样的人。他睁着大大的眼睛好奇地探寻，韦应物却淡然一笑便离开了。

他以为这不过是萍水相逢，却没想到，当夜又在凉亭见到了少年。

在韦应物询问之前，少年先解释道：“我爹知道先生是那般大人物，便赶着让我过来，说让我跟着您学习。”

见这少年的确天性纯真善良，韦应物便没有多言，只当允诺。

于是少年马上凑过来，问道：“先生那天念的诗是自己作的吗？‘独怜幽草涧边生’，幽草有什么稀奇的，为什么会喜欢呢？”

韦应物没解释，反问道：“那你以为，何物是值得喜欢的？”

少年一愣，似是没思考过这个问题，支吾了一会儿，才不确定地说：“应当是……能让自己快乐的东西？例如我妹妹觉得花儿美丽，见到就会开心；又比如我爹说，权力与钱财是能傍身保命的东西，应该也是好物。”

韦应物笑而不语，半晌才道：“我曾见过长安百年一遇的繁华，生活起居，吃穿用度，皆是寻常百姓难以企及般奢侈。不可否认那时候我的确是快乐的，但那时的我不知道，美梦如幻影，轻轻一戳便会粉碎。

“金银钱财，确使世人趋之若鹜。只是如今我亦以为，山水之美，无论是灿烂如花，皎洁如月，还是小如草芥，脆如霜冰，也能让人心中满足。”

“先生之言，是我从小到大从未听过的，先生这样的人，也是我从未见过的。”少年微微皱眉，似懂非懂，又恍然大悟，“啊，这便是先生喜爱坐在这里的原因吗？夜风寒凉，先生以冷茶相配，我只能感受到身体的寒意，这或许就是差距吧。”

1 韦应物《滁州西涧》。

少年叹了一声：“我要是能成为先生这样的人就好了。”

韦应物淡淡一笑：“稚子天真，有时也是世人难求的幸福。”

这次少年听懂了韦应物的言外之意，却不觉开心，垂眸道：“人们总是希冀自己所不曾拥有的东西，可是认识了先生之后，我才知道命之一事，谁又能说得准呢。”

看着眼前的少年，明明才过去几天，韦应物却觉得他与那个质问着为何要读书的少年，已经有很大的不同了。于是韦应物转换话题，开口问道：“‘春潮带雨晚来急，野渡无人舟自横’。你觉得这句何解？”

少年欲言又止，韦应物用沉稳温和的语气鼓励他：“但说无妨。”

“我以为，这句诗讲的是春日雨势迅疾，潮水湍急，引得江中无人的小舟沉浮漂荡，难以倚靠归处。”少年沉思道，“所以先生的意思是，我们应坚定自持，不能随波逐流？”

韦应物微微一笑，没有肯定也没有否定，而是道：“我书写我所思，读者亦有自己的解读。人之精神没有唯一的定论。”

“我知道了，先生。”少年目光灼灼，神采与往日截然不同，“或许我爹让我读书入仕，也是为了弥补他年轻时错过的东西。但我想明白了，若真如此那又如何？

“世人皆苦，无论是贵族还是百姓，在各自的位置上都会有难以诉说的苦衷。我爹为了抚养我和妹妹，也曾对其他人卑躬屈膝，点头哈腰，只为挣一丝生机。如今我已经长大，若是读书入仕既能报效国家，又能护佑家人，给他们平安的生活，那又有何不可呢！”

“你已经有了自己的决定，那便去做吧。”

韦应物沏一壶新茶，就像当初他刚遇见少年时一样递给他，只是这次不同的是，他举起杯子，与少年的杯子轻轻相碰，像是鼓励，也像是嘱咐。

“只是前路迢迢，云谲波诡，就如这漫漫不断的阴雨天一般，春潮晚雨多有危险，一定要多加小心。”

少年恭敬地应下：“多谢先生。”

清脆的瓷器发出叮的一声，敬他们萍水相逢的师生情。

少年启程离开，韦应物看着遥遥远去的背影，心中默默叹息一声。

春潮带雨晚来急，野渡无人舟自横。奔腾而下、湍流不息的时间长河中，为了一见乌云背后的晴日，总有年轻人不顾一切地奔赴，去追寻美梦。

而像自己这样的老人，便罢了吧。

山很好，水很好，幽草很好，霜冰也很好。就让自己这样的人，驻足在滁州的山涧，赏一幅夜景，听一阵凉雨，已经足够了。

浮云一别后，
流水十年间。

柳宗元

孤舟蓑笠翁，独钓寒江雪

文／明戈

01

天寒地冻，万籁俱寂。

空中一只鸟都没有，四下也无人，天空与江面在一片白茫中交融在一起，像一张巨大的素白画纸。偌大的画纸上唯中心有一艘渔船，上面站着一位披蓑戴笠的老者，正在这冰雪中垂钓。

一位双眸深邃、面容清俊的男子正站在旁边看着眼前的景象。

“千山鸟飞绝，万径人踪灭。孤舟蓑笠翁，独钓寒江雪。”[1] 男子口中喃喃，缓缓闭上眼。

一瞬间，他仿佛变成了那老者，正孑然一身站在天地间。

衣满落雪，垂钓孤独。

02

大历八年，长安。

打柳宗元出生起，他身边便十分热闹。他的母亲属范阳卢氏，祖上世代为官，乃一流门第，父亲柳镇曾任侍御史，家族属“河东三著姓”之一。柳宗元作为家中独子，又是河东柳氏的后人，前来探望的人自是络绎不绝。

他四岁时，同母亲住在京西庄园里。卢氏是个才女，丈夫看过的书她没一本不知道的[2]，当时太学风气不好，她便亲自教柳宗元读书。

许是得了父母的遗传，柳宗元天生聪慧，许多诗文仅读一遍便能背诵下来，也半点不认为学习枯燥，总抱着书主动去找母亲。

卢氏信佛，常诵念经文。柳宗元也对佛教生了兴趣，缠着让她给自己讲关于佛家的事。

“好，想知道什么，娘都教给你。”卢氏总是温柔地笑着。

1 柳宗元《江雪》。
2 柳宗元《先太夫人河东县太君归祔志》：吾所读旧史及诸子书，夫人闻而尽知之无遗者。

如果说母亲带来的是出世的祥和，那父亲带来的便是入世的现实。

柳镇常严肃地教导柳宗元："朝廷无能，社会动荡，长安不再是过去的长安了。曾有无辜的人被处死，我以身挡鞭，因而惹怒太守。[1]

"你要执着于对的，不要畏惧强权。"

柳宗元也会扬着巴掌大的小脸，认认真真点头。

后来由于建中之乱，柳宗元不得不来到父亲任职的夏口避难——这是他第一次经历藩镇割据的连天战火。国家满目疮痍，百姓流离失所，给他带来无比巨大的冲击。在他年幼的心里，一些东西正在萌发。

再后来，父亲到江西做官，柳宗元也一同前往宦游，并为讨平叛乱，代姓崔的中丞作了一篇《为崔中丞贺平李怀光表》："臣某言：伏奉某月日敕，逆贼李怀光，舆台末入，奚虏遗丑，备闻凶险之行，颇有残暴之名。陛下略其细微，假以符节，尽委朔方之地，犹分禁卫之兵，不感殊私，乃怀异望。间者馈贡不入，王师问罪……"

文章用了极难的骈体，且对仗工整，气势极佳，难以想象出自十三岁少年之手。此文一出，众人都惊称他"奇童"。[2]

可就是这样一个有名气、家世了得的天才，却无半点骄纵之心，更无纨绔子弟习气。

有人问柳宗元："你不享受大家对你的吹捧吗？"

他只是摇摇头，朗然道："是很热闹，可我有更重要的事要做。"

03

贞元九年，柳宗元进士及第，此时他不过二十一岁。要知道，多少人考了一辈子都没有结果，他却能一举中第。就此，柳宗元名声大振，成了文章称首的长安才子，身边的掌声更多了。

他刚中进士时，皇上还曾疑心，这小子这么年轻，该不会是仗着朝廷官员儿子

1 柳宗元《先侍御史府君神道表》：无辜将死，常以身捍笞棰，拒不受命。守大怒。
2 刘禹锡《河东先生集序》：子厚始以童子，有奇名于贞元初。

的身份混进来的吧？

直到其他官员奏明情况，皇上才感慨道：“原来这臣子是当年对抗奸臣窦参那位，那绝不可能图谋私利。”[1]

可正当柳宗元意气风发地站在长安城，打算为那件“更重要的事”继续努力时，一个让他悲痛欲绝的消息传来了——父亲去世。

人生榜样一般的父亲离世，对柳宗元而言无疑是个巨大的打击。

柳宗元跪在父亲墓前，声泪俱下：“孩儿定如您教诲，不畏强权，刚正不阿。”

04

守孝三年后，柳宗元娶了杨凭的女儿杨氏为妻。杨氏温柔贤淑，善解人意，二人郎才女貌，举案齐眉。

杨氏极大地修复了柳宗元内心的伤痛，柳宗元的生活逐渐走上正轨。他参加了博学宏词科考试，而且顺利中榜，授集贤殿书院正字。

仕途顺风顺水，杨氏又有了身孕，人生赢家一样的柳宗元周围贺喜声又多了起来。

可就在这时，杨氏突然因为足疾去世。柳宗元刚从至亲的离世中缓过来，便又经历丧妻之痛。

柳宗元悲痛不已地为亡妻写下《亡妻弘农杨氏志》，字字情真意切：“坤德柔顺，妇道肃雍。惟若人兮，婉娩淑姿。锵翔令容，委穷尘兮。佳城郁郁，闭白日兮。之死同穴，归此室兮。”

此后，柳宗元再无续弦之意，一心扑在仕途上。毕竟他还未做成那件更重要的事，而这也是父亲与妻子的期待。

贞元十九年十月，柳宗元被调回了长安，任职监察御史里行。他对朝廷的腐败有了更深刻的认识，幸运地结识了王叔文等一群志同道合的人。

1　出自柳宗元《先侍御史府君神道表》：上问有司曰：“得无以朝士子冒进者乎？”有司以闻。上曰：“是故抗奸臣窦参者耶！吾知其不为子营私矣。”

顺宗即位后，王叔文提拔他为礼部员外郎。柳宗元知道，时机终于到了。

05

从小就见过战争与官场黑暗的柳宗元很清楚，不论他们如何努力，只要还身在墨中，便没有出路。想要国家变得更好，唯一的解决办法就是改革，从根源洗清这黑暗。

于是柳宗元与其余几人一齐发动了革新——抑制藩镇势力，罢黜五坊宦官，整顿税收，整治贪官污吏……

这场革新声势浩大，热闹非凡。他如中流砥柱般站在风暴中心，雷厉风行，挥斥方遒。

可柳宗元忘记了权力场没有这么容易。不过几月，他们的支持者顺宗突然病重，先前被打压的宦官集团等势力趁机反扑，命皇帝让位给新太子李淳。就这样，这场革新不过半年便结束了。王叔文被处死，其他几人也接连被贬。

柳宗元被贬为邵州刺史，赴任途中，又被加贬为永州司马。

06

路途遥远，母亲卢氏义无反顾地随他一同前往。永州为蛮荒之地，条件艰苦，母亲也毫无怨言地陪他住在龙兴寺。

柳宗元一边苦闷于仕途失意，一边觉得十分亏欠母亲，明明是从未吃过苦的大家闺秀，七旬高龄却要跟着自己受罪。

“无妨，不苦。”卢氏依旧温柔地笑着，一如柳宗元儿时那般，“被贬又如何，明智的人不会为过去哀伤[1]，也许是上天想让你换种方式好好生活。况且这不妨碍你在这片土地上做个好官，像你父亲一样。”

在母亲的开导下，柳宗元的心情逐渐舒畅起来，也重拾了幼时与她一起探讨佛经的快乐。

1　柳宗元《先太夫人河东县太君归祔志》：明者不悼往事。

柳宗元拜隔壁住持重巽为师，有时会请他讲经，感受清心拂衣、闲持佛书的乐趣。

汲井漱寒齿，清心拂尘服。

闲持贝叶书，步出东斋读。

真源了无取，妄迹世所逐。

遗言冀可冥，缮性何由熟。

道人庭宇静，苔色连深竹。

日出雾露余，青松如膏沐。

澹然离言说，悟悦心自足。[1]

有时也会去江边，看渔夫摇橹，青山绿水，云卷云舒。

渔翁夜傍西岩宿，晓汲清湘燃楚竹。

烟销日出不见人，欸乃一声山水绿。

回看天际下中流，岩上无心云相逐。[2]

他的文字变得恬静祥和，充满自然的气息，似乎与这天地融为一体，尽是清逸。

就在柳宗元的心逐渐平和下来时，噩耗再次袭来。他最后的支柱——母亲去世了。上天仿佛在捉弄他，明明给予他那样好的父母与妻子，又在他每每将要好好生活的时候，夺走他的亲人。

亲朋凋落，孤雁悲鸣。

直至今日，仅剩他一人。

那些因自幼文采斐然获得的众人的称赞，二十一岁进士及第名满长安的光华，“励材能，兴功力，致大康于民，垂不灭之声”[3]的志向，也都如曾热闹一时的枝头凰花，逐渐凋零了。

余下的唯有这蛮荒死一般的寂静与孤独。

1 柳宗元《晨诣超师院读禅经》。

2 柳宗元《渔翁》。

3 出自柳宗元《答贡士元公瑾论仕进书》。

07

柳宗元睁开眼。大雪纷飞中，那老者依旧站在船头，独自静默垂钓。

他脑海中闪过这些年的得意与落败，热闹与孤独。一帧帧的画面宛如梦境，柳宗元不禁苦笑了一下。

可他忽然想起母亲的话。在这片杳无人烟的白茫中，他猛然顿悟了些什么。若是孤寂如此，那便孤寂如此，又如何？

柳宗元霎时觉得心头的苦楚轻了一些，连这呼号的风雪都带了一丝美感——既然仕途不容我，那我便做这孤舟上的蓑笠翁，遗世独立。

于是柳宗元背上行囊，开始在永州漫游，并写下了“永州八记”[1]。

“从小丘西行百二十步，隔篁竹，闻水声，如鸣珮环，心乐之。伐竹取道，下见小潭，水尤清冽。全石以为底，近岸，卷石底以出，为坻，为屿，为嵁，为岩。青树翠蔓，蒙络摇缀，参差披拂……”[2]

他把胸中的愤懑全部化解为游玩的畅快。那些凄凉景色，在他的笔下都充满了别样的美感。荒芜的高山，也皆有磅礴之势。

在永州的十年，柳宗元寄情山水，写下无数瑰丽的散文，更坚持阅经史诸子数百卷，哪怕身体不适，也是惊悸稍定便伏案苦读。不仅如此，他也的确像自己父亲那样，做了一个好官。

“凡吏于土者，若知其职乎？盖民之役，非以役民而已也。”[3]

柳宗元认为应该“官为民役”，常常拿出自己的俸禄，为百姓做事。

就在他的心与生活终于平静下来时，上天的玩笑又来了。

1 “永州八记”是柳宗元被贬为永州司马时，借写山水游记抒发胸中愤郁的散文，包含《始得西山宴游记》《钴鉧潭记》《钴鉧潭西小丘记》《至小丘西小石潭记》《袁家渴记》《石渠记》《石涧记》《小石城山记》。

2 出自柳宗元《至小丘西小石潭记》，也称《小石潭记》。

3 出自柳宗元《送薛存义序》。

08

元和十年一月，柳宗元受诏，即刻回京。

长安，十年未见的长安。

柳宗元心情复杂地收拾好行囊。此次回京，他甚至不敢说自己有所期待，因为他太怕期待落空了。

经过一个多月的跋涉，他终于回到了故土。果不其然，无人重用。不过一月，由于武元衡等人的敌视，柳宗元又再被贬到柳州。

他的好友刘禹锡也被贬到播州，那是更艰苦偏远之所。

柳宗元看到他同样年迈的母亲，心头泛酸，主动上书请求与刘禹锡交换贬谪之地。虽然朝廷并未同意，但为刘禹锡换了处相对好一点的贬谪地——连州。

就这样，虚弱到“行则膝颤，坐则髀痹”[1]的柳宗元，再次踏上旅途。

柳宗元到了柳州后依旧像在永州那样，继续做着一个为民谋福的好官。只是已经年近半百的他，常常眺望故乡的方向。

“海畔尖山似剑铓，秋来处处割愁肠。若为化得身千亿，散上峰头望故乡。”[2]

四年后，宪宗实行大赦，准备诏柳宗元回京。

只是他并未等到那一天。

09

元和十四年十一月初八，这位写过八百余篇诗文的大儒闭上了眼睛。

直到临终前，柳宗元儿时的梦想也未实现。

我们不知道他寄情山水的文章背后有多少遗憾，也难以想象在蛮荒之地十四载的他有多思念故乡。

柳河东留给我们的只有一个背影。一个男子在白茫苍凉中孤独挺立，未被打倒

1 出自柳宗元《与李翰林建书》。

2 柳宗元《与浩初上人同看山寄京华亲故》。

的背影。

他在热闹中成长，却在孤独中走向永恒。

共来百越文身地，犹自音书滞一乡。

莫道桑榆晚，为霞尚满天

文 / 明戈

01

贞元六年。

长安街头车水马龙，人声鼎沸。

路边一个小酒馆里，十九岁的刘禹锡正在喧闹中举杯畅饮。

此时他正在游学，由于诗写得极好，在士林中名声很大，有几个书生认出了他。

“欸！那不是刘禹锡大大吗！”书生们激动地涌了过去。

刘禹锡微微抬眼，伸手抹了一把下巴上的酒渍，手指白净，骨节分明。

“大大看起来好高冷……”书生们心底有些发怵。

刘禹锡却看着大家笑了起来，眼睛如弯月般明亮：“来，坐这儿。跟你们说，我可不是一般人！我祖先是汉景帝贾夫人之子，响当当中山靖王刘胜，[1]羡慕不？”

刘禹锡突然豪迈开口，吓了大家一跳，而后他又喝了几大口酒：“七代祖刘亮，可是北魏冀州刺史、散骑常侍。后来他们又随北魏孝文帝迁都洛阳……

“我小时候可牛坏了，吟诗作赋没有我不会的。知道我老师是谁吗？诗僧皎然，灵澈！[2]你说说气人不气人？”

刘禹锡像开了话匣子，乘着酒兴一通嘚瑟，丝毫没有停的意思。

终于，书生们耳朵不堪重负，纷纷离去。

“哎你们别走啊，我没说完呢！”

02

不怪刘禹锡这么嘚瑟，他的确有这个资本。

游学三年后，二十二岁的刘禹锡直接进士及第。同年，又登博学宏词科。两年后，再登吏部取士科，释褐为太子校书。

1　刘禹锡《子刘子自传》：其先汉景帝贾夫人子胜，封中山王，谥曰靖，子孙因封为中山人也。七代祖亮，事北朝为冀州刺史散骑常侍，遇迁都洛阳，为北部都昌里人。

2　《刘禹锡年谱》，卞孝萱著，北京：中华书局，1963 年。

如此少年得意，他不轻狂谁轻狂？

贞元十八年，很狂的刘禹锡做了监察御史。那时他还不知道，三年后，他即将迎来人生的巅峰。

贞元二十一年，刘禹锡结识了王叔文，一位皇上面前的红人，此人看了看睥睨一切的刘禹锡，评价道："可以，有个性。"

"呀嗬？诗写得这么好？"

"哎哟喂，还有政治才能！"

王叔文二话不说，直接任命他为屯田员外郎，让他判度支盐铁案。

事实告诉我们，一个人如果开了挂，那上天就是分分钟的事。

就这样，刘禹锡直接参与管理国家财政。并在接下来的革新中，和好朋友柳宗元担任主要成员。

就此，"二王刘柳"组合正式成立！

刘禹锡嘴乐到了后脑勺，政治热情更是高得一塌糊涂——建设祖国的大任就交给我们吧！

有人劝他别太和旧势力作对，小心他们报复。

刘禹锡却仰天长笑，轻蔑地对宦官集团伸出一根手指："你——过来啊！"

"有能耐你——报复我啊！"

短短一百八十天后，保守势力联合反扑，"二王刘柳"组合正式解散。

03

朝廷又变回了老样子。革新集团中的成员死的死，贬的贬。刘禹锡也被贬到了朗州。

"八司马"[1]从朝廷离职那天，其余七人都垂头丧气的，唯有刘禹锡依旧谈笑风生。

1　改革失败后，旧派官僚与宦官对参与其事者，皆予斥逐：贬韦执谊为崖州司马，韩泰为虔州司马，陈谏为台州司马，柳宗元为永州司马，刘禹锡为朗州司马，韩晔为饶州司马，凌准为连州司马，程异为郴州司马，时称"八司马"。

柳宗元叹了口气：“刘兄不怕那偏远荒凉之地？”

刘禹锡嘿嘿一乐：“嗨，能有多偏。”

柳宗元听了，一脸“看你到时候乐不乐得出来”的表情。

刘禹锡到了朗州后，果然吓了一跳。如此凄凉破败，是人住的地方？

不过短短几日，他便调整了过来，写下了名扬天下的《秋词》：

自古逢秋悲寂寥，我言秋日胜春朝。

晴空一鹤排云上，便引诗情到碧霄。

刘禹锡看着柳宗元寄来的诉苦信，又看了看眼前遍地落叶、萧条不堪的景色，哈哈一笑，提笔回道：“都觉得秋天寂寥悲苦，我却觉得秋天比春天还好！你看那些鹤，排成一排扑棱飞上云端，美得我也诗兴大发！”

柳宗元：属你心大。

刘禹锡在朗州游山玩水，心态巨好地过了十年。其间写的山水诗都清峻明朗，无一不彰显出他的乐观。除此以外，他还写了无数寓言诗，对当朝权贵连番嘲讽。

不仅写诗，刘禹锡也写了多篇哲学论文，甚至还帮柳宗元的《天说》作了三篇《天论》，以回击韩愈。

元和九年十二月，终于，被贬了十年的刘禹锡同柳宗元一起被召回京。

刘禹锡再次仰天长笑：“哈哈哈，爷回来了！”

04

次年三月，刘禹锡去玄都赏花。

既是诗人，看了美景怎么能不作诗呢？

紫陌红尘拂面来，无人不道看花回。

玄都观里桃千树，尽是刘郎去后栽。[1]

这繁华道路上灰尘纷飞，大家都是刚看花回来。不过这玄都观虽有桃树千株，都是我当年离开长安后栽的啊！

1　刘禹锡《元和十年自朗州至京戏赠看花诸君子》。

这诗看似写桃树，可桃树指的是谁？是朝廷新被提拔起来的权贵们。现在这些人春风得意，被大家追捧。可当年我刘某人叱咤风云的时候，你们还不知道在哪儿待着呢。

这诗写得潇洒又嚣张，不屑又张狂。此诗一出，可气坏了那些执政党。[1]

刘禹锡看着他们头顶冒烟的样子，又一伸手指："你——过来啊！"

"有能耐你——贬我啊！"

于是刘禹锡刚在京城待了三个月，便被贬到更偏远的播州。

当然，一些友人也被牵连被贬。

柳宗元：非得欠儿是不？

05

刘禹锡有老母跟在身边，这播州实在太过遥远，于是好友裴度、柳宗元全力相助，刘禹锡才得以被改派到连州。[2]

他在连州待了五年，老母去世，他还未缓过来时，竟闻柳宗元也去世了。

刘禹锡难过到不行。不过他深谙人不可以一直沉沦的道理，还是要积极乐观起来，毕竟柳兄还留给他一个儿子要养。

"以后我就是你后爹了。"刘禹锡看着小柳告。

"爹和我提过您，您是总嘴欠的那个对不？"小柳告问。

刘禹锡：……

后来，刘禹锡又被调到夔州做刺史。刘禹锡依旧发挥着自己的乐观主义精神，没心没肺地深入研究当地的风土人情。

1 《旧唐书·刘禹锡列传》：时禹锡作《游玄都观咏看花君子诗》，语涉讥刺，执政不悦，复出为播州刺史。

2 出自《旧唐书·刘禹锡列传》：诏下，御史中丞裴度奏曰："刘禹锡有母，年八十余。今播州西南极远……"良久，帝改容而言曰："朕所言，是责人子之事，然终不欲伤其所亲之心。"乃改授连州刺史。

他发现当地人跳舞时都会唱一种民歌。欸，这玩意好听啊！刘禹锡感叹连连，就是词不怎么样。于是他大笔一挥，写了十一组词。

竹枝词二首·其一

杨柳青青江水平，闻郎江上唱歌声。

东边日出西边雨，道是无晴却有晴。

竹枝词二首·其二

楚水巴山江雨多，巴人能唱本乡歌。

今朝北客思归去，回入纥那披绿罗。

杨柳青青，江平如镜，少女忐忑不安地听着情郎的歌声。东边虽出了太阳，西边却在下雨。不过这也算是晴天吧，正如那少年对少女应该也是有“情”的。

由于沾染了当地人的生活习气，刘禹锡的这些诗都清新自然，可喜可爱。他也一点不觉得自己写这些与众不同的诗有何不妥，将阳春白雪与下里巴人结合起来，岂不雅俗互补？

听着大家都唱着新词，刘禹锡满意极了。

就在他刚与大家打成一片时，他竟又被调了，这次被派到了和州。

06

刘禹锡叉腰看着眼前的破房子，眉毛拧成了疙瘩：“我有理由怀疑你们在针对我。”

不过与先前一样，他同样未低沉几日，便飞快昂扬起来，找到了生活中的乐趣。

他在《陋室铭》中这样写道：“山不在高，有仙则名。水不在深，有龙则灵。斯是陋室，惟吾德馨。苔痕上阶绿，草色入帘青。谈笑有鸿儒，往来无白丁。可以调素琴，阅金经。无丝竹之乱耳，无案牍之劳形。南阳诸葛庐，西蜀子云亭。孔子云：何陋之有？”

哼，就算是陋室又怎样，我品德高尚就行。这里满眼碧色，舒服得不得了，来往的人也都是文人志士，高雅至极。平时弹弹琴，看看经，还能远离官场的喧嚣劳累。就像南阳有诸葛的草庐，西蜀有扬雄的玄亭。人家孔子都说了：“有什么简陋之处呢？”

柳告：所以漏雨那块就不修了？

这篇骈体铭文证明了刘禹锡不仅诗写得好，文写得更棒。通篇不过八十一字，却将悠闲自乐、安贫乐道之感刻画得淋漓尽致。

也许上天就是不想让他在一个地方待太久。两年后，宝历二年，他又被调回了洛阳。

刘禹锡仰天长笑："哈哈哈，爷又回来了。"

07

刘禹锡次年任职于东都尚书省。而此时，距离他革新被贬，已有二十三年。

他途经扬州时见到了好友白居易。白居易有感于他仕途蹉跎，写了一首《醉赠刘二十八使君》给他："诗称国手徒为尔，命压人头不奈何。"

就算你刘禹锡的诗全国数一数二，可在命运面前，也别无他法。

可面对好友的安慰，刘禹锡无所谓地摆摆手，回一首《酬乐天扬州初逢席上见赠》表示自己的豁达。

巴山楚水凄凉地，二十三年弃置身。

怀旧空吟闻笛赋，到乡翻似烂柯人。

沉舟侧畔千帆过，病树前头万木春。

今日听君歌一曲，暂凭杯酒长精神。

沉舟旁有千帆竞发，病树前也有万般红紫。世事变迁，仕途沉浮都是难免的，所以没必要悲凉。

刘禹锡不仅没有落寞，反而大大方方安慰起白居易来："来吧，开心点，都在酒里了。"

08

次年他回朝任主客郎中，又去了玄都观。

百亩庭中半是苔，桃花净尽菜花开。

种桃道士归何处？前度刘郎今又来。[1]

这上百亩的庭院中，一半是青苔。风华正艳的桃花凋落后，现在开的都是菜花。当年种桃树的那些道士如今都去哪儿了？我刘某人又来此赏花了。

这首诗又在赤裸裸地嘲讽——当年掌权的武元衡等达官显宦，现在都没了。提拔他们的唐宪宗，也没了。

还剩谁呢？

刘禹锡站在庭院里嘻嘻笑着。

柳告不禁摇头叹气："您都当爷爷的年纪了，怎么还像小孩子一样幼稚张狂？"

刘禹锡一跺脚："爷爷怎么了，爷爷至死是少年。"

09

不出意外地，张扬的刘禹锡没过几年又被撵出来了。此后，他又历任数职，辗转各地。

会昌二年，刘禹锡病卒于洛阳，享年七十一岁。

这位诗豪一生都在说自己想说的，讽自己想讽的，就连自传里都要披露皇位禅让的黑暗内幕。

也许他不这么嘴不饶人、傲气张狂，人生的路会好走得多。

也许刘禹锡自己也深知如此。

可他不在乎，他用自己孩童般的乐观与执拗，同这世道抗争到底，仿佛一个不知道疼的勇士，向死而生。

"莫道桑榆晚，为霞尚满天。"[2]

他永远是霞光里的少年。

1 刘禹锡《再游玄都观》。
2 出自刘禹锡《酬乐天咏老见示》。

“刘柳”的纸短情长

ZHIDUANQINGCHANG

文 / 夏眠

梦得兄：

展信安。

长安一见，甚是想念。其实是我俩谈天谈了一半我突然有事要办，再回去的时候你不见了，所以特意写一封信和你约下次见面的时间。事先申明，我内心很脆弱的！

君子坦荡荡，我先自报下家门。我叫柳宗元，出身河东柳氏，我们家族说是辉煌了六百年了，我算是没给祖先丢人。我妈出身范阳卢氏，属于五姓七家。我不是炫耀，是想说，你和我做朋友绝对不亏，要是出了事，我能替你出头。

我今年刚及弱冠，听闻你比我大一岁，那天我瞧你在大雁塔旁边写自己的名字，我一下子就记住了，你相信命中注定吗？我看到你的那一眼，我信了！你就是我要找的人！

速回。三日不回，我就登门了。

柳宗元

子厚：

见字如面。

早听闻你家世不凡，没想到这么牛！你这个朋友，我交了！

我出身一般，我爹和我爷爷就是普通的公务员，我爹和我说，我祖上是汉景帝和贾夫人的儿子中山靖王刘胜，我起初不信，后来一查中山靖王有一百二十个儿子，没准儿我祖上还真是刘胜。如果是假的，我回去就把《史记》和《汉书》撕了当柴烧。

好汉不提当年勇，我爹只是个普通小官，我从小长在江南，对读书特别感兴趣，人称“小镇做题家”。

当日和你谈了几句后，我就和其他进士去聚会了。大家都出身不凡，真是让我大开眼界。登门拜访当然欢迎，只是别送太贵重的礼物，我回不起。

刘禹锡

梦得兄：

别来无恙。

回想我们相知已有十年了，时光荏苒，距离安史之乱已经过去四十年了。我常常在想，当初万国衣冠拜冕旒的大唐，和我们生活的是同一个大唐吗？

我当初考取进士的时候想，学成文武艺，货与帝王家。我真的见到了皇帝，发现皇帝竟然也活得如此憋屈。不仅藩镇的节度使敢和皇帝叫板，连区区宦官都能刺一刺皇帝的心，我大唐的皇帝就这样不堪吗？

我九岁的时候，发生了建中之乱。你别看我家大业大，可是乱世一来，照样逃命。那时起，我就许下了一个心愿：他日我要是能入朝为官，绝不能让大唐变得如此羸弱不堪。

我已到了而立之年，而立而立，我有一个愿望，等到了长安找你详谈。

柳宗元

子厚：

问安好。

本来我请这顿饭是为了给你接风洗尘，没想到你哭得稀里哗啦，还把我的床霸占了一半。你睡着之后会打呼！我一直都没睡着，在想你说的话。

我在渭南县当官时，遇到了一些衣着单薄的老人，就和乐天兄写的“卖炭翁”一模一样，他们冬天穿着很单薄的衣服，坐在车边一边抖腿一边看着柴火。我安慰他们说过两天会回暖，老人家却和我说要下雪才好，下了雪这些炭才能卖个好价钱。他们家全家上下，就指着这车炭火的钱过冬呢。他们的年纪和我父亲的差不多，我看了真的很不好受。为什么夜不闭户的大唐变成现在这样了？

你说你想做点什么，哪怕粉身碎骨也想放手一搏。我也正有此意，而且我还找到了门路。

子厚，我最近认识一个人，他叫王叔文，是太子的心腹。他日太子登基，他就是从龙之臣，多半能成为宰相。王叔文和我透露，太子爷也想做些改变，不如我们改日一聚？

刘禹锡

梦得兄：

见字如面。

听闻你几天没有出门了，我想在去永州赴任之前，再找你谈一谈。

本来改革之事，我们也是抱着粉身碎骨的信念去完成的，现在这个结局，比预想的要好。其实我们的改革本身就有缺陷，唐顺宗继位之前就中风瘫痪了，能给的助力很少，全靠王叔文、王伾操持。我身为礼部员外郎，又是世家子，大家看在我家族的份儿上，都会给我一点面子。也因为这一点，我明白，我们实在太理想化了。许多事情，并不是一纸公文、一道圣旨就能解决的，改革要争取到最多数的人，我们一出手就砸了许多人的饭碗，他们怎么可能支持我们呢？

顺宗被迫让位，王叔文被赐死……这个结局我不是没有料到，我只是觉得讽刺。朝堂之上，每个人都一口一个大唐，可是真的让他们为了大唐做一些让步时，就成了“我家真的有一头牛”[1]，一步都不肯退，真是虚伪至极！

柳宗元

子厚：

节哀顺变。

长安一别，亦有多日。听闻令堂和妻子都已过世，又读了你作的《江雪》，我不知道该如何安慰，只能赋诗一首——“自古逢秋悲寂寥，我言秋日胜春朝。晴空一鹤排云上，便引诗情到碧霄”，聊表心意。

无论如何，都要对自己好一些。记住开心的事，总比天天想着不开心的事强，你要是憋屈，就和我说说，反正我俩也是绿豆对王八，差不多一路货色。

对了，我在朗州寻了不少土特产，已经给你捎过去了，我特意问了当地的厨子，把做法一并写给你寄过去，让人按照这个做就好。

刘禹锡

子厚：

我对不起你，实在没脸见你。

本来我们都熬了十年，熬到重新回到长安，结果被我的一首诗给毁了，还连累你和我一起被贬，真的是对不住你。

我听说，你和皇帝说“梦得带着年迈的母亲，不适合去贫困州，让我去播州，让梦得去柳州”，我真的……词穷。

是我害了你。只要你和我断绝关系，你就可以留在长安，不用离开，你现在有儿有女，留在长安对你更好。

刘禹锡

1　源自网络热梗，讽刺了一些人唱高调、眼高手低的现象。

梦得兄：

你要是再和我提绝交，信不信我上门打你？

要是再说这事儿，就别回信了！费纸！

大家都帮我俩说话，你不用去播州了，改成去连州。虽然也是穷苦之地，但比播州好多了。

柳宗元

梦得兄：

衡阳一别，你可安好？我最近身体不太好，已经找了大夫看了。

我写了三首诗给你，你还记得吗？

我最近老是想以前的事，我俩携手二十年了，等退休了，我们就找个好地方，把房子买一起，养几只鸡鸭，自己种点菜，每天晒晒太阳，吹吹牛，这该有多好。

柳宗元

纸/短/情/长

子厚：

你走了快十年了，我时常想，当初要是你留在长安，是不是能多活几年呢？活到我俩能携手看夕阳。

子厚，我重新整理了你的文集，你的才华要让天下人知道。

可能是老了，我现在老想起从前，我俩在大雁塔相识，一起为官，一起改革，一起被贬。说好一起老去一起死，你却早走了一步。

你的孩子告诉我，你临终前一直在喊我的名字，却没说要做什么，只让他们带着文稿来连州找我。你放心，我俩兄弟一场，你的儿子就是我的儿子，你的女儿就是我的女儿。

我现在在洛阳买了一块地，背靠青山绿水，有鸡有鸭，我真的是一个种菜吹牛的小老头了。哦对了，我邻居都挺不错的，一个叫白居易，一个叫裴度。

昨天，我在大街上溜达，有个年轻小伙在看你写的文集，他注意到了我，便问：“你也认识柳宗元吗？”

我说：“当然认识，他和我可是睡过一张床的兄弟。”

然后我就哭了。

子厚，我真的很想你，不过我也老了，很快，我就可以去见你了。

到时候，我们做邻居，看青山看绿水，看尽人间繁华，等我。

刘禹锡

跟着诗人逛遍吃货帝国

文 / 夏眠

盛唐盛唐，盛的可不只是气势，盛的还有美食。俗话说民以食为天，“今天吃什么”成了继“李白到底和杜甫说了什么”之后唐朝人民最感兴趣的话题。

打开唐朝的地图，从南到北，从东到西，美食各具特色，各有风味。同时，因为各方客商的来往，竟然还诞生了不少融合中西的特色菜。

陕西 SHANXI

那么就以天下长安为起点，跟着各位文人墨客去见识让他们流连忘返的美食。

长安，即现在的西安，位于陕西省。在我们的印象中，北方人爱面食，这点在唐朝也成立。

一大清早，长安市民最喜欢的馎饦就登场了，馎饦可以看作现在的面皮汤，把面皮擀成拇指大小，用水煮，加调料。

但白居易不太喜欢馎饦，或许是因为

长期饮酒，或许是因为生活习惯欠佳，白居易的肠胃不太好。每年初春，他还会不自觉地发冷，在那时候，白居易就会嘱咐家人熬粥。

唐朝熬粥也极为讲究。原料包括：稻米、白粱米、粟米、薏仁米、大麦、小麦、粳米等，辅料则蔬菜瓜果鱼虾鸡肉全都有，能熬的全都熬上，力求鲜美。

白居易通常会选地瓜粥，地瓜自带甜味，暖身又暖胃。可惜的是，白居易在喝粥的同时，还会喝酒，刚被温暖的胃又被酒精冲刷了。

王维的喜好比较特殊，他喜欢芝麻粥，并且一心想要安利给身边的朋友，甚至是皇亲国戚。李世民作为甜党，直摇头。从李世民开始，皇帝吃的粥都是偏甜的，如栗粥、乳粥、豆沙加糖粥……难怪王维头也不回地离开了长安，甜党和咸党势不两立。

上面说到的芝麻粥，里面的芝麻被王维叫作胡麻，胡是指那时的新疆。

芝麻最早是从新疆传来的，现代人有多乐于尝试西餐，唐代人就有多爱胡食。

既然如此，就让我们去陕西的西北面——“新疆大盘鸡省”看看。

那时的“大盘鸡省”，或许应该叫“胡饼省”。新疆的美食有胡饼、胡麻、胡桃、胡萝卜、葡萄、石榴等，其中最接地气的莫过于胡饼。

又是白居易这个吃货，想吃胡饼吃不到，听说城里开了一家高级山寨胡饼店，一大早就跑去排队，眼瞅着胡饼出锅。

白居易没吃过正宗的胡饼，据说正宗胡饼的馅儿是用羊肉、羊汤和花椒混合而成，特别美味。烤胡饼的时候，香味令人根本把持不住。据说前来唐朝留学的僧人圆仁在求学期间，不顾出家人的身份，专挑立春的时候，等在长安街头，蹭皇帝免费发放的胡饼吃。

四川
SICHUAN

陕西的底下是四川，和现在不同，唐代的四川并不是全民吃辣，最让杜甫销魂的反而是一道叫槐叶冷淘的冷面。

夏天采集鲜嫩的槐树叶，略煮之后捣碎，浸入水中过滤，让颜色和香气都融入水中，把水滤清，拿来和面，制成的面条颜色可爱，还有槐叶的香气。

这道菜让杜甫喜欢到什么地步呢？

杜甫念念不忘地要把它推荐给皇上，夏天和冷面更配哦！

后来杜甫年纪大了，为了躲避战乱，到成都住下，过得也十分清苦，每天都只能吃点素菜，被当地人叫作“菜肚老人”。

有一天，杜甫和一些朋友在草堂里吟诗作赋，不知不觉就到了中午，家里却什么都没有，怎么招待客人呢？

他的家人从浣花溪里钓了一条鱼，于是杜甫决定用这条鱼来招待客人。

他亲自下厨，把鱼洗好下锅，又把当地的甜面酱炒熟，加入泡菜，最后趁热浇在鱼身上。客人吃了个精光，差点连盘子都舔干净了，这道菜杜甫亲自命名为“五柳鱼”。

四川除了冷面和鱼，还有鸭子。

李白巡游到四川时，收到了唐玄宗的消息：“您太有才了！赶紧来长安见一见。”

李白正吃着焖蒸鸭子，一听到这个消息，便赶赴长安，连同这道鸭子的做法一起带回了皇宫。

唐玄宗十分信赖李白的品味，就好像欣赏他的才华一样。根据李白的描述，宫廷御厨复刻了这道焖蒸鸭子，唐玄宗非常喜欢，赐名“太白鸭”。

四川的旁边是湖北，湖北有一道蒸肉，名叫“杜甫菜”。

那时的杜甫已经年过半百，心力交瘁，结果在湖北遇到了一个自己的铁杆粉丝，无论如何都要请自己吃饭。

铁杆粉丝见杜甫没什么胃口，就用茼蒿、菠菜、腊肉和糯米粉制成的菜招待杜甫，居然还挺好吃。

既然有杜甫，必然要有李白，李白在湖北时喜欢吃鸡。

湖北有独特的做鸡方法：把整只鸡腌渍入味后蒸熟，去掉骨头切成块，用黄酒、鸡汤、蘑菇入味，这就是赫赫有名的翰林鸡。

李白离开陕西，来到了山东，山东的美食治愈了他的官场失意。

“鲁酒若琥珀，汶鱼紫锦鳞。”[1]

紫锦鳞是山东特产的赤鳞鱼，是历代帝王去泰山封禅时的必备御膳，泰山名菜之首。

赤鳞鱼鲜美异常但难养活，李白的吃法相当返璞归真——将鱼切成片，生吃，也就是生鱼片！

据说赤鳞鱼还有一种吃法是切片之后用热水泡一下，类似于涮火锅。

1　出自李白《酬中都小吏携斗酒双鱼于逆旅见赠》。

李白似乎特别喜欢吃鱼。有一次他去安徽拜访朋友，行到半路肚子饿了，随意进了一家酒肆，不巧后厨的备菜都没了。

可店家无论如何都想要这个“活广告”，于是急中生智拔了几棵小菜，又翻出了鱼头和两块豆腐，做了一锅鱼汤，没想到意外美味，李白赞不绝口。店家索性把酒肆的名字改成了“太白楼”，鱼汤也起名叫“太白鱼头”。

安徽
ANHUI

李白走啊走，走到了五松山，由于雨天路滑，借宿在一个农民家里。

来者皆是客，老妇人拿出自己的雕胡饭送给李白。李白激动地又写了一首诗：“跪进雕胡饭，月光明素盘。令人惭漂母，三谢不能餐。”[1]

雕胡饭，就是用野生的菰米做成的饭。菰米米粒细长，外黑里白，不仅李白赞不绝口，杜甫也啧啧称奇：“为我炊雕胡，逍遥展良觌。”[2]

江南地区多湖泊，太湖西湖各种湖。多湖则多鱼，有时候还能捞上来大闸蟹。

唐人也爱吃大闸蟹，尤为偏爱鲜美的母蟹蟹黄。愉快接受胡饼的中原人还发明了一种新吃法——蟹黄毕罗，把胡饼做小点，往里面塞蟹黄，和现在的蟹黄包差不多。

这玩意儿非常好吃，但也非常昂贵，贵到刘恂这样的广州司马，都只能等着皇帝赏赐。一旦被赏赐了蟹黄毕罗，一群翰林学士不顾礼仪，争相取食。

江南
JIANGNAN

由此可见，在大唐，在美食面前，人人平等，人人都很诚实！

1　出自李白《宿五松山下荀媪家》。
2　出自杜甫《白水县崔少府十九翁高斋三十韵》。

三月三日天气新，长安水边多丽人。

态浓意远淑且真，肌理细腻骨肉匀。

绣罗衣裳照暮春，蹙金孔雀银麒麟。

头上何所有？翠微盍叶垂鬓唇。

背后何所见？珠压腰衱稳称身。

就中云幕椒房亲，赐名大国虢与秦。

紫驼之峰出翠釜，水精之盘行素鳞。

犀箸厌饫久未下，鸾刀缕切空纷纶。

黄门飞鞚不动尘，御厨络绎送八珍。

箫鼓哀吟感鬼神，宾从杂遝实要津。

后来鞍马何逡巡，当轩下马入锦茵。

杨花雪落覆白苹，青鸟飞去衔红巾。

炙手可热势绝伦，慎莫近前丞相嗔！

杜甫《丽人行》

杜甫

第四章

残梦碎

车轮马迹今何在，十二玉楼无处寻

J U N Z I C H A N G A N L A I

李賀

何当金络脑，快走踏清秋

文 / 周公子

01

唐元和五年，某个秋日，晨曦微露。

河南府衙门前，人头攒动。随着“吱呀”一声门响，几个带刀府吏从衙门中阔步挺出，威声赫赫将人群逼退两米。其后两个文职打扮的官吏缓缓而出，各持黄榜一侧，小心翼翼地张贴到告示栏中。

人群哗地骚动起来，大家齐齐伸长脖子向榜上望去，等到府吏撤下，更是蜂拥而上，个个双目如电，飞速搜索着自己的名字。

片刻之间，众人的情绪即呈现出两极之态，有的挥拳击掌，乐不可支；有的低眉垂目，长吁短叹……

只有一个二十岁左右的年轻人，自始至终，格格不入。他一直立在府衙前与人群稍微拉开一点距离的地方，手捧一册《楚辞》，在初晨的阳光下聚精会神地读着，不论是府门打开，还是榜文张贴，始终未曾侧目。

“恭喜公子！是解元！”

当书童奔到他跟前，欢呼出这句令所有人艳羡无比的话时，他清瘦的面庞上依然未现丝毫波澜，只是轻轻合上手中的书：“巴童，我们走吧。”

人群中顿时传出一阵交头接耳的声音：

“哇，原来他就是昌谷李贺，闻名不如见面，果然才高气傲！”

“看来明年长安城的进士之战，我等又添劲敌一枚啊！”

此语一出，很多望向李贺背影的目光中，陡然射出了几分寒意。

02

很快，到长安领取解状的时候到了。

所谓解状，就是京城贡院发放的准考证，有了这一纸证书，第二年春天才能参加进士考试。

这一次，聚在贡院前的举子们都是各地已通过秋闱的佼佼者，故而个个神色轻松。工作人员在贡院前设了一张桌案，高喊着举人的名字。已领取解状者，有的神色沉稳低调而去，更多的则是呼朋引伴，转入市肆酒家，举杯相庆。

奇怪的是，作为河南府解元的李贺却迟迟没有被叫到。书童几番按捺不住，想要上前询问，都被李贺制止了。

直到领取解状的举子们一一散去，工作人员才冷冷地喊了句："昌谷李贺何在？"

"李贺在此。"

"你的举人资格被取消，无法出具解状，且回吧！"

李贺脸上一阵煞白，声音有了几分颤抖："何故？"

工作人员低着头，漫不经心地收拾着桌案上的物品："这个问题啊，还是回家问问令尊的好！起个什么名字不好，李晋肃！'晋'与'进士'的'进'同音，有人举报你没有避父讳，这下清楚啦？"

说完，工作人员扭头转入贡院，李贺愣在原地，半天一动不动。

天气依然晴朗，大街上车水马龙，川流不息，空气中飘荡着桂花的清香，树缝间泄下的阳光闪闪发亮。这一切在李贺的眼中却越来越模糊，直到一片昏黑……

03

事情很快传开了，《昌谷才子因避父讳无缘科考，家长取名须谨慎！》《坑娃出新招：如何用一个名字毁掉孩子的一生？！》……长安各大报刊纷纷报道。

一石激起千层浪，此等热点事件迅速引发了吃瓜群众的广泛关注和讨论，待考举子们更是纷纷翻看家谱，深恐哪个祖宗起名时不带脑子，挡了自己飞黄腾达的路。

只有一个中年大叔不一样，看到报道后，他把手中的保温杯"嘭"一声放下，把桌子拍得震天响："荒唐啊！居然因为如此无厘头的名目，毁掉一个年轻人的大好前程，老夫简直看不下去！"

这位正义感爆棚的大叔绝不是说说而已，他决定要为李贺做点什么。说干就干，他撸起袖子洋洋洒洒写下一篇雄文，叫作《讳辩》，里面最出名的句子如下：

父名晋肃，子不得举进士；若父名仁，子不得为人乎？

这一句反问可以说是十分犀利了，但依然于事无补，因为避名讳一事，古来有之。

所以，虽然人民群众们都觉得李贺很冤，但韩愈出手都救不了，还能怎么办？

04

对，你没看错。前面那个摔茶杯，写《讳辩》，为李贺大鸣不平的人，正是“文起八代之衰”的大文豪韩愈！

彼时的韩愈，早已是名满天下的文坛领袖。他之所以要为李贺发声，首先是因为他一贯热心提携后辈，但更重要的是——他曾经被李贺的才华深深地震撼过。

事情，要从三年前说起。

那一年，韩愈任职太学博士，分司洛阳，相当于大唐皇家学院的洛阳分校长。

彼时，他跟柳宗元一起倡导的古文运动开展得如火如荼，一到洛阳，圈子里上门切磋交流的文友便络绎不绝，投稿干谒的青年后生更是数不胜数。

一天午后，韩愈又送走一拨文坛同道，疲倦之极，他松开衣带，准备在躺椅上小憩一下。此时，助理走进来，把怀里厚厚一摞诗稿整齐地码在了书桌上。

“今天收到的稿子有点多……”话没说完，看到韩大人哈欠连天，助理悄然退了出去。

“到洛阳有段时候了，收到的诗稿不少，却没什么亮眼之作，诗坛后继乏人啊……”韩愈边想，边往新的诗稿上扫了一眼。

这一扫不要紧，一行字像光一样射进了韩校长的视线内：

黑云压城城欲摧，甲光向日金鳞开。

韩愈浑身一个激灵，没有任何铺垫和转折，开头就是兵临城下、两军对垒这样惊心动魄的大场面，下面的节奏能撑得住吗？

很快，韩愈就发现自己的担忧实在太多余：

角声满天秋色里，塞上燕脂凝夜紫。

半卷红旗临易水，霜重鼓寒声不起。

报君黄金台上意，提携玉龙为君死。

绝了，这首《雁门太守行》写得太绝了！

一口气读完，韩校长感觉自己仿佛已飞身边塞——眼前是军旗与鲜血齐飞，远处是夜幕共城墙一色，号角凄厉，鼓声低沉，将士们手持宝剑，奋勇杀敌，为国血战到死……

能把边塞诗写得如此激情悲壮，又如此凄艳斑驳，有唐一代，前所未见！

当看到诗稿下面“昌谷李贺”的署名时，韩愈夺门而出，好在文友们都还没走远，衣襟飘荡的韩校长在后面大喝一声：“哪个是昌谷李贺，给我站住！”

05

当时，李贺只有十八岁。

韩愈十分欣赏他的才华，决定力捧这个文坛新人。有了文坛盟主的口碑加持，李贺迅速声名鹊起，很多诗篇甚至传到了帝都长安。一颗文坛新星冉冉升起，按照正常节奏，接下来自然是金榜题名，官袍加身，迎娶白富美，走上人生巅峰。

可惜的是，人生就像一场戏，每当皆大欢喜时，命运这个总导演就会不甘寂寞地出来皮一下，简而言之一句话：绝不能让主角们得偿所愿！

所以，当十八岁的李贺打算借着韩校长的东风，进京赶考一举打破唐代最年轻进士纪录的时候，昌谷老家发来一封加急书信：父亲去世，速归……

就这样，已经飞到半空的李贺被强行着陆，怀着悲痛的心情回家守孝三年。

三年之后，二十一岁的李贺再现考场，可没想到半路又出幺蛾子，顺利通过地方选拔的李贺，终究因为避父讳，再次无缘科考。

看着其他举子们满怀期待地走进贡院考场，而自己只能骑着一头瘦驴黯然返乡，李贺心中万念俱灰：

雪下桂花稀，啼乌被弹归。
关水乘驴影，秦风帽带垂。
入乡诚可重，无印自堪悲。
卿卿忍相问，镜中双泪姿。[1]

1 李贺《出城》。

在古代，对读书人来说，科举考试几乎是唯一出路。终生无缘科考，对任何人来说都是重大打击，对李贺而言，则尤其致命。至于为什么，那就要从李贺的家世说起了。

06

李贺一直认为自己血统高贵，他的远祖是唐高祖李渊的叔父，大郑王李亮。

可是李贺忽略了一点，他出生时，唐朝建国都快两百年了，他身上的皇室血统基本已稀释到可忽略不计。但李贺不这么想，在重视门第的唐朝，他一直对此深以为荣："唐诸王孙李长吉""宗孙不调为谁怜""为谒皇孙请曹植"等句子一再出现自他的诗文里……

在各种场合，以及各种落款签名中，李贺都不忘在名字前挂上"皇室宗孙"的头衔，还经常自比曹植。然而事实上，他家早已败落不堪，父亲到临终时也不过是个小小县令。高贵血统和平凡家境形成的强烈对比，让李贺从小就立志要出人头地，重振门庭。

他不仅发奋读书，还每天背一个古锦囊，骑着小毛驴，到故乡的山山水水中搜罗诗歌素材，一有灵感涌现马上记下来投入囊中，回家再筛选整理作诗。

每个夜晚，李贺房间的灯都是最后一个熄灭的。

由于他从小体质就差，母亲担心得不得了："儿啊，你这哪里是作诗啊，简直是要把心都呕出来……"

是的，"锦囊佳句"和"呕心沥血"，都是李贺同学贡献的成语。

学习起来不要命加上天生体弱，使得李贺未老先衰，才二十岁左右头发就白了大半。为了梦想拼搏到这种地步，唯一能改变命运的科考之路却竖起了"此路不通"的牌子，你说李贺崩不崩溃！

07

“长安有男儿，二十心已朽。”[1]

“我当二十不得意，一心愁谢如枯兰。”[2]

……

二十岁，本应是一个人拥有无限可能的黄金时代，可此时的李贺已心如死灰。虽然偶尔在友人的劝勉下，他也曾强打精神：

我有迷魂招不得，雄鸡一声天下白。

少年心事当拏云，谁念幽寒坐呜呃。

《致酒行》里的这两句，李贺的意思是说：我还年轻，还应该振奋起来找出路，谁会可怜一个天天缩在角落里自怜自艾的人呢？

后来，皇族后裔的身份加上韩愈的大力举荐，也曾让他谋得过一个奉礼郎的九品小官。李贺硬撑着做了三年，却没有看到任何升迁调任的希望，加上身体也越来越差，失望之下李贺辞官返乡。

就是这次离开长安，他吟出了那一联让后世无数大咖疯狂点赞的千古名句：

衰兰送客咸阳道，天若有情天亦老。[3]

“天若有情天亦老”一句，设想奇伟，意境辽远，被司马光赞为“奇绝无对”。后世很多崇拜者喜欢拿这句诗做对子，但一直对不出旗鼓相当的下联，直到宋朝的石延年对了一句“月如无恨月长圆”，震惊四座，遂成为千古绝对。

08

辞职回到家乡的李贺，心情依然难以明朗。自己才二十几岁，上有老母，下有小弟，怎么能就这样赋闲在家呢？

科考不通，李贺便计划仿效盛唐的高适，参军报国，以立功勋。临行前，他用

1 出自李贺《赠陈商》。

2 出自李贺《开愁歌》。

3 出自李贺《金铜仙人辞汉歌》。

一首气概豪迈的《南园》勉励自己：

男儿何不带吴钩，收取关山五十州。

请君暂上凌烟阁，若个书生万户侯？

这首诗的意思和杨炯的“宁为百夫长，胜作一书生”[1]十分相近，但字里行间明显多出了一份无奈和愤慨：文路不通，除了投身军旅，哪里还有其他选择呢？

可李贺没想到的是，就连这最后一点幻想，也很快破灭了。由于朝廷软弱，藩镇跋扈，他所在的部队一直遭受种种冷遇和排挤，三年之后，将帅请辞，部队解体，李贺再度失业归家。

09

人生至此，似乎已经了无希望。其实从科考被拒的那一天，李贺的心就随同梦想一起死去了，无边的黑暗将他团团包围，触摸不到任何光明和出路。令人窒息的绝望逼迫出他惊人的想象力，他开始用手中的笔为自己构建一个奇幻瑰丽的小宇宙。

在这个幻想世界里，他可以遨游太空，俯视人间：

老兔寒蟾泣天色，云楼半开壁斜白。

玉轮轧露湿团光，鸾珮相逢桂香陌。

黄尘清水三山下，更变千年如走马。

遥望齐州九点烟，一泓海水杯中泻。

在这首《梦天》里，李贺用逆天的想象力描摹出奇幻的宇宙夜景。月宫一夜，世上千年。人间的沧海桑田，不过是转瞬之间，九州大地如同九点烟尘，浩瀚的海洋也不过就像一杯水。

要知道，当年没有航拍，也没有地球仪，这样的景象完全就是神仙视角啊！论气象宏大，就算李白的“长风几万里，吹度玉门关”[2]也要甘拜下风！

李贺不仅上游太空，还能下落黄泉：

1 出自杨炯《从军行》。

2 出自李白《关山月》。

幽兰露，如啼眼。

无物结同心，烟花不堪剪。

草如茵，松如盖。

风为裳，水为珮。

油壁车，夕相待。

冷翠烛，劳光彩。

西陵下，风吹雨。

这首《苏小小墓》把苏小小的幽魂刻画得飘飘忽忽、若隐若现。很多人表示被诗中哀怨幽凄的意境吓到头皮发麻，即使到了杭州，都不敢去瞻仰苏小小的墓地。

即便是描述现实中的音乐，也充满了脑洞大开的魔幻主义色彩，比如这首《李凭箜篌引》：

吴丝蜀桐张高秋，空山凝云颓不流。

江娥啼竹素女愁，李凭中国弹箜篌。

昆山玉碎凤凰叫，芙蓉泣露香兰笑。

十二门前融冷光，二十三丝动紫皇。

女娲炼石补天处，石破天惊逗秋雨。

梦入神山教神妪，老鱼跳波瘦蛟舞。

吴质不眠倚桂树，露脚斜飞湿寒兔。

在醉人的乐声中，李贺腾云驾雾，三界五行，无所不至。笔下书写的每一个字都在告诉我们，什么叫作想象力！

芙蓉、香兰、老鱼、瘦蛟……除了李贺，还有谁能做到以这些物象来形容乐声？

在生命的最后时光，他的诗中出现了越来越多的鬼、泣、血、死等字眼，比如“石脉水流泉滴沙，鬼灯如漆点松花”[1]“蓝溪之水厌生人，身死千年恨溪水”[2]“秋坟鬼唱鲍家诗，恨血千年土中碧”[3]……

1 出自李贺《南山田中行》。

2 出自李贺《老夫采玉歌》。

3 出自李贺《秋来》。

每一句都凄冷绝艳，鬼气森森，就问你瘆不瘆人，怕不怕？

10

都说李贺是继屈原、李白之后的又一个浪漫主义诗人，可浪漫文学的本质是什么？毕飞宇说浪漫是想要逃，逃避当下，远离现实。

然而，再浪漫的诗歌也没法带给李贺永久的逃避。人生最大的痛苦，是梦醒了，却发现依然无路可走。无望的现实摧残着他的精神，更侵蚀着他的肉体，当心中的绝望累积到任何文字都化解不了的时候，生命便也走到了尽头。

元和十一年，李贺在昌谷辞世，他只活了短短的二十七年，生命未曾怒放便凋零。

况是青春日将暮，桃花乱落如红雨。[1]

多年以后，一位名叫李商隐的“死忠粉”为他写下一篇小传。

在这篇传记的结尾，李商隐讲了这样一个故事：李贺将死之时，曾看见一位红衣仙子，骑着赤龙来到他床前，说玉皇大帝建好了白玉楼，召他前去写文章。李贺想到自己的老妈，泪如雨下，然而天命不可违，很快窗前便烟雾升腾，伴随着车轮声和奏乐声，李贺就此仙去。

这当然只是美好的想象，但不得不承认，这样的结局和李贺本身的气质太相衬了！

都说李贺是诗鬼，但唐诗三百年，还没见过哪个诗人能把天上的景象写得比李贺更逼真：

天河夜转漂回星，银浦流云学水声。

玉宫桂树花未落，仙妾采香垂佩缨。

——《天上谣》（节选）

青霓扣额呼宫神，鸿龙玉狗开天门。

石榴花发满溪津，溪女洗花染白云。

1 出自李贺《将进酒》。

——《绿章封事》（节选）

细节描摹到这种程度，简直令人怀疑李贺是不是真的上过天！

也难怪有人说：论长吉每道是鬼才，而其为仙语，乃李白所不及。

11

李贺无疑是有唐一代乃至整个中国诗歌史上最具天才特质的诗人之一。

在他的诗中，上穷碧落，下俯人间，从历史典故、神鬼传说，到日月星辰、飞禽走兽，无一物不可入诗。且不论构思立意，抑或遣词造句，都极尽想象之能事，堪称象征主义诗歌之鼻祖！

然而，终其一生，他写得最多的其实并不是牛鬼蛇神，而是现实中很普通、很常见的一种动物——马。他写过八十多首咏马诗，里面的每一匹马几乎都倾注了他对自己人生的期许和渴望，比如，最典型的一首《马诗》：

大漠沙如雪，燕山月似钩。

何当金络脑，快走踏清秋。

他多么希望自己能像诗中的骏马一样，在秋高气爽的天气里，在广阔无垠的大漠上，飞腾跳跃，疾行如飞，何其快哉！

可惜，在短暂困厄的一生中，他从未赢得如此体验。

但我们宁愿相信，他一定在九霄之上实现了自己的梦想，踏雾乘风，驰骋千载。

杜牧

砌下梨花一堆雪，明年谁此凭阑干

文 / 优富

01

城南韦杜，去天尺五。

这是长安城里传了几百年的歌谣，说是城南的韦家和杜家世代显赫，轻易便可上达天听。杜牧便生在其中的杜家。

杜牧的祖父杜佑是大唐的宰相，杜牧四岁那年，祖父受封岐国公，整个杜家真是烈火烹油、鲜花着锦之盛。可惜好景不长，十余年中，杜牧的祖父和双亲相继去世，杜家家道中落。十五岁的杜牧独自带着年幼的弟弟生活，奴仆奔逃，空荡荡的祖宅旁无余物，只剩下万卷书。

后来他跟子侄后辈讲起自家事，不无自豪地说："旧第开朱门，长安城中央。第中无一物，万卷书满堂。"[1]

日子窘迫没有关系，可以卖祖宅；吃不上饭没有关系，可以挖野菜；寒夜无烛没有关系，可以映着月光看书。

在逆境中勤奋读书努力奋斗，这是杜牧作为一名落魄贵族子弟的基本修养。

02

杜牧投胎时选的时间不太妙，不仅没有赶上杜家的好时候，也没有赶上大唐的好时候。杜牧年轻的时候盛唐早已成了过去式，整个大唐兵连祸结、民不聊生。

杜牧实在不忍山河破碎，一心报国，想成为一个救民于水火的将军。寒窗苦读多年兵书，杜牧终于迎来了一个展示自己的机会。昭义节度使叛乱，杜牧上书献计，被权臣李德裕采纳，战乱很快平定。杜牧时年二十岁。

得到鼓舞的杜牧更加醉心兵法，他议论时弊，指点江山，写出了一册又一册军事论典。二十三岁的时候，他悟透了六国和秦朝灭亡的原因，铺纸研墨，笔触沉思翰藻，遒文壮节。

"灭六国者，六国也，非秦也。族秦者，秦也，非天下也。嗟乎！使六国各爱其人，则足以拒秦；使秦复爱六国之人，则递三世可至万世而为君，谁得而族灭也？"

1　出自杜牧《冬至日寄小侄阿宜诗》。

《阿房宫赋》既出，一时长安纸贵，杜牧的名气水涨船高。当时的太学博士吴武陵看到这篇文章，惊呼杜牧有王佐之才。

在数年后的科举考试之中，吴武陵更是极力推举杜牧为状元。不过杜牧的运气不好，状元已经被同样出自簪缨世家的韦家公子预定，最后在吴武陵的强烈坚持下，杜牧名列第五。[1]

毕竟实力在这里摆着，杜牧两个月后又去参加了制举考试，皇帝亲自出题，杜牧再次高中，成了正经的天子门生。

杜牧后来提到这件事，说自己“两枝仙桂一时芳”[2]，喜悦之情溢于言表。

03

杜牧高中之后本打算大展拳脚，致君尧舜之上。可是理想和现实难免有差距，他很快正式入仕，做的却是图书馆管理员——弘文馆校书郎。

其实校书郎在大唐算得上一个很体面的工作，白居易、王昌龄、李商隐无不是从校书郎开始做起的，朝廷将杜牧调到此处，正是因为欣赏杜牧，想要栽培他。

可是杜牧是从小立志成为将军的男人。他读书是为了社稷民生，并不是为了一辈子守着这些故纸堆。杜牧联系遍了爷爷的门生故吏，终于在八个月后跟随世叔沈传师去了江南，做了沈家的幕僚。

初到江南，他看着眼前的大好河山很是欣喜。报国的机会终于来了，他一定可以为老百姓做些实事！

不过事与愿违，杜牧还是没能在此处实现自己的人生价值。

杜牧的诗文惊才绝艳，世无其二。不同于白居易的老妪能解，也不同于李商隐的晦涩难懂，杜牧的文章清新隽永，自成一派。正因如此，无论是制举时的圣上，还是眼下的主公，他们欣赏的都是杜牧的文采才气，而不是他经天纬地的政治才能。

杜牧在江南做了近十年的幕僚，中间主公换了三个，他的工作性质却很一致。

1 出自《新唐书·吴武陵传》。
2 出自杜牧《赠终南兰若僧》。

无非是陪着上司宴饮游玩，写一些漂亮的诗文歌功颂德。这样的日子虽然与他的梦想相差甚远，但是……真的过得蛮舒服。如果真的实现不了自己的理想，暂时忘掉，确实可以得到短暂的解脱。

在江南恣意纵情的这些年，杜牧走过秦淮的长街市井，听歌姬唱曲，于桥下泛舟，看河对岸灯火通明的小楼和上面倚楼相招的红袖。歌姬唱的是前朝旧曲《玉树后庭花》，杜牧听了半晌有些伤情，作了首《泊秦淮》。

烟笼寒水月笼沙，夜泊秦淮近酒家。

商女不知亡国恨，隔江犹唱后庭花。

诗刚吟完，隔壁小船的姑娘递来了一个酒壶，邀请他共饮，杜牧没有拒绝。

杜牧捧着酒杯想起自己方才作的诗，自嘲地想，不知亡国恨的又何止这些商女呢？

席间张祜喝得烂醉，望着秦淮佳丽吟起了杜牧写扬州美人的词：“落魄江湖载酒行，楚腰纤细掌中轻。十年一觉……”[1]

张祜诗吟到一半觉得似乎哪里不太对，酡红着脸拍了下桌子：“牧之，咱们明天回扬州吧，我还是喜欢扬州。别说十年，我埋骨地都可以定在那里！人生只合扬州死，禅智山光好墓田！”[2]

杜牧没有应声，他看着杯中月影湖上波光，丧气地想，是不是自己这辈子也要这么过去了？

那等他死了，他要葬在哪里好呢？

不，他要回去，死也要回长安去！他还要兼济天下，为国立功！

04

不愿被安逸磨灭意志，杜牧受旧时主公牛僧孺的举荐，终于回到了长安，做起了监察御史。官阶不高，但监察百官，颇有实权。

1 杜牧《遣怀》。

2 出自张祜《纵游淮南》。

这么过去了？

那等他死了，他要葬在哪里好呢？

不，他要回去，死也要回长安去！他还要兼济天下，为国立功！

04

不愿被安逸磨灭意志，杜牧受旧时主公牛僧孺的举荐，终于回到了长安，做起了监察御史。官阶不高，但监察百官，颇有实权。

不过好景不长，很快长安便爆发了甘露之变，千余名官员及其家眷被杀。杜牧因为前不久刚被外派东都洛阳，恰巧避开了这场灾祸。

杜牧沉寂三四年，其中短暂地做了一年幕僚，很快再度回长安。但是这一次他依旧没有待多久。

朝中牛李党争严重，权臣李德裕和牛僧孺各自结党互相倾轧。而今当政的是杜牧弱冠时的伯乐李德裕，可杜牧受牛僧孺赏识做了他多年幕僚，早已失去了李德裕的信任。杜牧受李党排挤，再次惨遭外放离京。

外放的第一站是黄州。这时候的杜牧已经想开了，治大国若烹小鲜，急不来，不如从手中的微末小事做起。

杜牧在黄州任上燃起了熊熊斗志，为兴利除弊，教化士民，将阖州上下治理得井井有条。

他忙里偷闲时还曾跑到赤壁古战场上看过，看到沙里的旧铁戟又想起了自己年少时的将军梦，写下了千古流传的《赤壁》。

折戟沉沙铁未销，自将磨洗认前朝。

东风不与周郎便，铜雀春深锁二乔。

赤壁之战周瑜能赢，除了诸葛亮的神机妙算之外，还要数周瑜运气好。运气好真的很重要，可是他运气寻常。这也是没有办法的事情，他能做的，只是事事尽力而为。

05

李党党魁是新帝宠臣，杜牧在黄州任期满了之后依旧没机会回长安，转头又被调到池州。

杜牧在出任池州刺史的时候，寄居丹阳的老朋友张祜溯江而上，特地来拜访杜牧。

在科举失利之后，张祜也曾在长安四处拜访求官，不过并无所得。一二十年过去了，两人还是如同江南初见时一样壮志未酬，蠖屈不伸。

两人深夜把酒，杜牧写了一首诗鼓励老朋友。

“睫在眼前长不见，道非身外更何求。谁人得似张公子，千首诗轻万户侯。”[1]

张祜捧着诗文红了眼睛，杜牧过去拍了拍他的肩膀：“老张，我们本来就很优秀，只是他们都眼神不好而已。我们自己心中有大道，管别人干什么？”

年过半百的张祜闻言愣了愣神，抱着杜牧痛哭失声。

06

离开池州，杜牧的下一站是睦州，距离长安越来越远。杜牧的年纪也上来了，经常会生病，处理州中政事也开始力不从心。

他经常会跟张祜互寄书信，可是张祜也百病缠身，不知还有几载光阴。

他想喝酒，可是客居异地，无亲无友，找不到一起对饮酬酢的人。

杜牧独自买了点小酒，凭栏小酌，寒风入袖结了一层清霜，他打了个寒噤。百无聊赖中，他看见台阶下积雪莹白如梨花绽放，一个人作起了诗。

“淮阳多病偶求欢，客袖侵霜与烛盘。砌下梨花一堆雪，明年谁此凭阑干？”[2]

他明年，还有命在此处凭栏吗？

1 出自杜牧《登池州九峰楼寄张祜》。

2 杜牧《初冬夜饮》。

文人。

在任司勋员外郎期间，素来仰慕杜牧的晚辈李商隐给他写了很多诗。

李商隐说杜牧“前身应是梁江总”[1]，还说他“刻意伤春复伤别，人间惟有杜司勋”[2]。李商隐欣赏杜牧诗文的哀感顽艳，字字句句都是真心赞美，可是杜牧看完之后陷入了沉默。

江总是前梁的文人，虽有些才气，但是个文辞伤于浮艳的狎客。旁人将他比作江总，又说他刻意伤春悲秋，是因为他在众人眼中就是这么一个无病呻吟的人吗？

不过人家也没有说错，他回到长安后确实无甚成就，只是靠一些酸诗博了些虚名。

杜牧心里不是很舒服，也很困惑，不知道这么些年心心念念的长安，怎么就成了一场虚妄。

08

杜牧老了，身体越来越差，他不想在长安待下去了，上书请求外调回江南。

起初皇帝并没有同意，但是在杜牧的再三请求之下，杜牧终于再次被外放湖州。

两年后，杜牧病重，自知大限将至，为自己写了一篇墓志铭。

这篇墓志铭并不像他以往所著之文一样骈四俪六旖旎过人，只是讲了一下自己的生平，又写了一下最近光怪陆离预见死亡的梦。他没有说这些年的诗文历程，反倒是着重提了一下自己曾经注的兵书。[3]

知音已逝，再无人懂得他胸中的大志和诗中的痛苦挣扎，旁人竟只觉得他多愁善感伤春悲秋。

这样的诗文，留下来又有什么意义呢？

临终之际，杜牧闭门在家，翻出今生所写的大半诗文。

1 出自李商隐《赠司勋杜十三员外》。

2 出自李商隐《杜司勋》。

3 《新唐书·杜牧传》：乃自为墓志，悉取所为文章焚之。牧于诗，情致豪迈，人号为“小杜”，以别杜甫云。

两年后，杜牧病重，自知大限将至，为自己写了一篇墓志铭。

这篇墓志铭并不像他以往所著之文一样骈四俪六旖旎过人，只是讲了一下自己的生平，又写了一下最近光怪陆离预见死亡的梦。他没有说这些年的诗文历程，反倒是着重提了一下自己曾经注的兵书。[1]

知音已逝，再无人懂得他胸中的大志和诗中的痛苦挣扎，旁人竟只觉得他多愁善感伤春悲秋。

这样的诗文，留下来又有什么意义呢？

临终之际，杜牧闭门在家，翻出今生所写的大半诗文。

十年一觉扬州梦，赢得青楼薄幸名。

杜牧苦笑着看着宣纸上的字迹，一张一张全都扔进了火盆……

1 《新唐书·杜牧传》：乃自为墓志，悉取所为文章焚之。牧于诗，情致豪迈，人号为“小杜”，以别杜甫云。

山月不知心里事

文 / 明戈

01

“他就是温岐？”

“是啊是啊，他方才是这么署名的。”

“哎哟，名声臭成这样还敢出来。”[1]

“可不，换作是我都不敢出门。”

酒馆里的人议论纷纷，皆对那醉醺醺地赊账离开的男子指指点点。

男子低着头，垂下的碎发遮住了他脸上的表情，在众人的嘲讽中跌跌撞撞走出门。

“哎，你别挡路啊！”温岐在如织人流里失魂落魄地走着，被撞的行人推搡着高声斥责他，他却宛如听不见一般。

他走到一片废弃庭院的竹林前，才停下脚步。竹林碧翠，满眼青绿。

“还是你们好，干干净净的。”温岐喃喃开口，“筠，竹也……

“以后，我便叫庭筠吧。”[2]

02

温庭筠一开始并不像现在这般落魄狼狈，他甚至可以说是教科书级别的贵族子弟，乃温彦博之裔孙。温彦博何许人也，那是唐朝宰相，唐太宗时出任中书令，进封虞国公的大人物。

按理来说，温庭筠生在这样的家庭，该是含着金汤匙出生，锦衣玉食地长大，凹的是京城贵公子的人设。

可偏不巧，这么个显赫世家，到了温庭筠这一代便没落了。他八岁时，家里唯一的顶梁柱，他的父亲也去世了。幸亏父亲的好友段文昌对他们施以援手，年幼的温庭筠到了段家生活，才未沦落到挨饿受冻的地步。

虽无父亲监督，但温庭筠十分有志气，学习相当刻苦，几乎每日泡在书海里。虽是少年，吟诗作赋便相当了得。待温庭筠长大些，随着段文昌官职迁调走南闯北，也结交了不少朋友。

1　《旧唐书·温庭筠列传》：自是污行闻于京师。
2　出自《北梦琐言·卷四》：吴兴沈徽云：“温舅曾于江淮为亲表槚楚，由是改名焉。”

大和五年，他的朋友李远登进士。温庭筠写下了《春日寄岳州从事李员外二首》。

苒弱楼前柳，轻空花外窗。

蝶高飞有伴，莺早语无双。

剪胜裁春字，开屏见晓江。

从来共情战，今日欲归降。

……

好友成功中举，又有佳人相伴，令温庭筠羡慕不已。家道中落的他也想考取功名，光耀门楣。

大和九年，段文昌去世后，温庭筠便离开西川，前往繁华的长安游学。

03

游学期间，温庭筠结识了太子李永，两人经常一起出去玩乐。友人都说，他本就才华横溢，又背靠太子这棵大树，他的仕途肯定顺风顺水。

在好友们的期待中，温庭筠前去参加京兆府考试。对别人来说，考场是决定人生命运的场所，可对温庭筠来说，这只是炫技的地方。

在考场摇曳的烛火中，别人都在奋笔疾书，唯有温庭筠，连草稿都不打，就只是靠着几案插着袖子，每一韵吟一次，一篇文章就写完了。而这样吟八次，成了八篇文，人送外号“温八吟”[1]。

这是何等文采，连考官都要惊掉下巴。

果不其然，温庭筠取得了第二的好成绩，被推举参加进士考试。

就在一切都按照人生赢家的剧本发展时，上天开始在出人意料的地方给温庭筠挖坑了。

太子的母妃突然失宠，而得宠的杨贤妃屡进谗言，称太子什么都不行，不能传位给他。说得多了，再加上些计谋，文宗竟信以为真，决定废黜太子。在御史中丞的极力阻拦下，文宗才改变主意，只是诛杀了太子身边的一些人。也不知是受不了

1 《唐摭言》卷十三：温庭筠烛下未尝起草，但笼袖凭几，每赋一咏一吟而已，故场中号为“温八吟”。

这打击，还是何等隐秘原因，太子突然暴死。

温庭筠得知消息后惊出了一身冷汗。宫廷斗争如此骇人，自己与太子又交往甚密，温庭筠怕被殃及，遂称病未赴试。

后来他回忆太子时，作了这样一首《生禖屏风歌》。

玉墀暗接昆仑井，井上无人金索冷。

画壁阴森九子堂，阶前细月铺花影。

绣屏银鸭香蓊濛，天上梦归花绕丛。

宜男漫作后庭草，不似樱桃千子红。

温庭筠常喜欢在诗中用典，借古讽今。“暗”和“冷”都象征着太子早已不在，而堂前挂着的食人子的魔母，更是映射了杨贤妃等小人，与吃人不吐骨头的宫廷权力场。

在此以后，温庭筠便隐退了，继续读书充实自己。

04

大中元年，温庭筠又来到了长安。由于他的诗词写得太好，数不清的京师人士想与他结识。[1]

可同样由于他才华过于出众，惹了一些人的嫉妒。有人开始诋毁他的名声，不过温庭筠都是一笑置之：“你们说你们的，不影响我的厉害。”

没过几日，温庭筠参加科考，可并未中第。温庭筠再一次苦涩地作诗恭喜别人。

几年辛苦与君同，得丧悲欢尽是空。

犹喜故人先折桂，自怜羁客尚飘蓬。

三春月照千山道，十日花开一夜风。

知有杏园无路入，马前惆怅满枝红。[2]

他一边祝贺着苗绅折桂，一边感叹自己还像飘蓬一般。人家春风得意，自己却只能马前惆怅。

1 《旧唐书·温庭筠列传》：初至京师，人士翕然推重。

2 温庭筠《春日将欲东归寄新及第苗绅先辈》。

为了排解抑郁，他开始和新结交的朋友待在一起，其中不乏那些不学无术的富家子弟。说起来温庭筠出身也不错，所以同他们游玩似乎无可厚非。可谁又能知道，就是这些纨绔公子，几乎毁了他的后半生。

05

在裴諴与令狐滈的拉带下，温庭筠终日酗酒，出入香艳之所。[1]

不过温庭筠看那些女子的视角与旁人都不一样。他从不像那些公子一般只当她们是玩物，反而会温柔细腻地捕捉她们的心理与生活。

楚女不归，楼枕小河春水。月孤明，风又起，杏花稀。

玉钗斜篸云鬟重，裙上金缕凤。八行书，千里梦，雁南飞。[2]

温庭筠在一个夜晚想起那个背井离乡来到长安谋生的歌伎，她已经离开这里，要回到自己的故乡。长安经济发达，像她这样的女子成百上千。没人在乎她们在无依无靠的异乡过着怎样的生活。可温庭筠注意到了，甚至为她们量身作词。

朔音悲嘒管，瑶踏动芳尘。总袖时增怨，听破复含嚬。

凝腰倚风软，花题照锦春。朱弦固凄紧，琼树亦迷人。[3]

他从不认为写这些女子不符合他文人的身份。既然自己会吟诗作赋，看到的便都可以化作笔下文字，写这些侧艳之词又有何不妥？

在他含蕴情致、辞藻浓艳的笔下，一位位相思妇人、含怨离人、深闺少女和窈窕歌伎跃然纸上。男女燕婉之私，也显得清丽动人。

井底点灯深烛伊，共郎长行莫围棋。

玲珑骰子安红豆，入骨相思知不知？[4]

可就是这些侧艳之词，正中那些诋毁他之人的下怀，他们变本加厉地宣扬他的恶名，尽管文人墨客出入狭邪再正常不过。面对他们的攻击，温庭筠也和从前一样

1 《旧唐书·温庭筠列传》：然士行尘杂，不修边幅，能逐弦吹之音，为侧艳之词。公卿家无赖子弟裴諴、令狐滈之徒，相与蒱饮，酣醉终日，由是累年不第。

2 温庭筠《酒泉子·楚女不归》。

3 温庭筠《观舞妓》。

4 温庭筠《新添声杨柳枝词二首·其二》。

视而不见。

06

大中九年，三月，温庭筠再试博学宏词科。

那时候，考生间互相出题做题是常有的事，温庭筠便帮着柳熹答了题，可谁想那竟是柳熹打点得来的原题。

一下子，温庭筠被卷入舞弊案中，落得“以文为货”的骂名。

不仅考场失意，而且还蒙受不白之冤，温庭筠离开了长安，赴襄阳投奔徐商。经过商山时，写下了《商山早行》。

晨起动征铎，客行悲故乡。

鸡声茅店月，人迹板桥霜。

槲叶落山路，枳花明驿墙。

因思杜陵梦，凫雁满回塘。

为了赶路，他不得不起早，公鸡啼鸣，晓月挂枝，石板路上尽是早春的霜。身心俱疲中，温庭筠从未如此思念过自己的故乡。

奔波半生，他终是什么都没有得到。

后来他又去了扬州，花光积蓄的他去扬子院乞讨时，竟被虞候大打了一顿。百般屈辱下，他前去找令狐绹申冤。可他忘了，由于之前的《菩萨蛮》一事[1]，令狐绹心有芥蒂。面对虞候的辩解和温庭筠的种种丑闻，令狐绹选择相信虞候。

众口铄金，积毁销骨。温庭筠名声毁坏殆尽，为万人所骂。而先前同他游玩、吃喝嫖赌的富家无赖子弟，竟都已“中第”。

事到如今，温庭筠的心底除了悲凉凄苦，便只剩无奈一笑了。

在这世道里，最终得势的终究是他们这些权贵。

既然孤愤无法排解，这书不看也罢，这规箴不遵守也罢，温庭筠心灰意冷地写下了《洞户二十二韵》：“任达嫌孤愤，疏慵倦九箴。若为南遁客，犹作卧龙吟。”

1　《唐才子传·温庭筠传》：时宣宗喜歌《菩萨蛮》，绹假其新撰进之，戒令勿泄，而遽言于人。

温庭筠愈加放任自流起来。

07

咸通七年，温庭筠终于得到一个机会，在长安国子监任职，主持秋试，并作了《榜国子监》："右。前件进士所纳诗篇等，识略精微，堪裨教化。声词激切，曲备风谣。标题命篇，时所难著。灯烛之下，雄词卓然。诚宜榜示众人，不敢独专华藻。并仰榜出，以明无私。仍请申堂，并榜礼部。"

温庭筠为了杜绝因人取士的不正风气，将所试诗文全部公布于众，请百姓监督。所榜诗文中有尖锐抨击时事、揭露贪腐的文章，他也大为称赞。

此举瞬时引发权贵不满，宰相大怒，将温庭筠贬为方城尉。而此时世人也逐渐反应过来，一个如此刚正不阿、公正无私的人，又如何会"以文为货"？

只可惜，一切都太迟了。

温庭筠被贬不久，甚至还未到方城时，便郁郁而终。

08

温庭筠的一生宛如一个悲剧。他郁郁不得志，还背了半辈子污名，就连写自己爱的诗，都要受人诟病。

他如浪蕊浮花，为晚唐这个肮脏的权力场，涂抹了最后一丝艳丽，而后失意离场。

希望有另一个世界，自由自在的世界，他能在月下，在摇曳的红烛下与呢喃的春风里，眉眼温柔地继续吟诵。

玲珑骰子安红豆，入骨相思知不知？

只见花间，不念人间。

李商隐

此情可待成追忆，只是当时已惘然

文 / 迟暮

01

江南春色随着马车的行进逐渐后退，马车里，扎着双髻的男童掀着帘儿巴巴往后望去。

车内满脸哀思的妇人叹了口气，对男童道：“孩子，别看了，咱们已经走远了。”

尚是孩童的李商隐不解地看向母亲，问：“娘亲，咱们这趟回故土，何时再回江南啊？”

妇人没有回答李商隐，只是别过头暗暗擦去脸庞的泪珠。丈夫离世，家中的顶梁柱没了，她尚且不知回到故土之后是如何光景，怎还敢奢望再回这江南富庶之地呢？

彼时的李商隐仍不明白，母亲眼中的迷茫与哀愁究竟是为什么，但很快，回到故土之后的生活，便给了他答案。

这日，李商隐正在家中后院帮母亲提水，家中幼弟便哭着跑了过来。幼弟揉着眼睛，很是委屈：“阿哥，我……我跌了一跤，衣裳破了。”

李商隐看着弟弟破了一大块的衣服紧蹙眉头，这衣服即便缝补，也很难再穿了，可是家中……母亲日夜操劳，堪堪够一家人吃饱饭，哪还有余钱给弟弟裁新衣裳呢？

这是李商隐第一次感受到来自生活的压力，与此同时，一个想法也自他脑海中萌发。

李商隐的堂叔上门给李家送接济物品的时候，正看见他端坐在桌前，认认真真地执笔抄着什么。他过于专注，以至于堂叔走到面前，他才发现。

李商隐连忙站起身来问好：“堂叔怎的来了，您且先坐，我这就泡茶来。”

堂叔笑着摆摆手，拿起李商隐誊抄的纸张，端详片刻：“落笔有力，字迹端正。这抄书是作何用途啊？”

李商隐有些羞赧地挠了挠头，道：“母亲操持生计过于辛苦，侄儿便想着佣书替家中贴补一二。”

堂叔满意地点了点头，说：“好啊，虽然年幼，却有气节。这字写得也不错，往后佣书之余，便来我家和我学习五经吧。”

李商隐不敢置信地眨巴着眼睛，堂叔却笑了，反问：“怎的，不乐意啊？”

李商隐连忙摇头，兴奋地大声道：“侄儿多谢叔父！”

02

数个春秋过去，当年佣书贩春[1]的孩童已长成远近闻名的少年郎君。李家附近的人都知道，李家有个名唤商隐的小郎君，写得一手好工楷，做得一手好文章。他的《才论》与《圣论》二文更是得到了诸多士大夫的赏识。

李家的境况如今已好上些许，为了家中儿郎的前程，年岁渐老的李母还是决定举家迁往洛阳。而刚至洛阳，李商隐便遇上了他此生焉知非福的一段机缘。

正是少年意气的时候，李商隐偶尔也会和两三好友踏春吟诗。这日踏春路上，一辆马车徐徐停在李商隐身侧，车帘被撩开，车内的士大夫看向李商隐，笑问：“小公子可就是那作《圣论》一文的李义山？”

李商隐拱手：“在下李商隐，见过先生。”

坐在车内的正是因李商隐的文章而对其颇为赏识的令狐楚。

就这么稀里糊涂的，李商隐认识了令狐楚。令狐楚对李商隐青睐有加，格外器重，不但让自己的儿子令狐绹和他成为好友，教授他骈体文的写作技巧，还多番资助接济李家，并聘李商隐入幕为巡官。

也正是从这个时候开始，李商隐开启了一面积极应试、一面努力学文的生活。

可彼时的科考，早已不是有真知才学便能考上的了。权贵之间相互提携，比起本事，能否得到权贵赏识似乎更为重要。

李商隐深知此间内幕，心态倒也还算平和，并不抱一举便中的期待。他本就不喜刻意结交，想着凭借自身才干，即便不得权贵赏识，早晚也能金榜题名。

可惜，事不如人愿，他屡屡应试，屡屡落榜。饶是心态再好，被如此消磨之后，余下的，也只剩意难平了。

在这种情绪的充斥下，李商隐写下了《送从翁从东川弘农尚书幕》：

大镇初更帅，嘉宾素见邀。使车无远近，归路更烟霄。

1　出自李商隐《祭裴氏姊文》：乃占数东甸，佣书贩舂。

稳放骅骝步，高安翡翠巢。御风知有在，去国肯无聊。

早忝诸孙末，俱从小隐招。心悬紫云阁，梦断赤城标。

素女悲清瑟，秦娥弄玉箫。山连玄圃近，水接绛河遥。

岂意闻周铎，翻然慕舜韶。皆辞乔木去，远逐断蓬飘。

……

盛幕开高宴，将军问故僚。为言公玉季，早日弃渔樵。

“鸾皇期一举，燕雀不相饶。”李商隐将诗与酒一并咽入腹中，满身失意，大抵如此。

03

不过失意之人，似乎只有他。

在某个平凡的日子，李商隐送别令狐楚。一纸调令，让恩师令狐楚即刻动身前往京城述职。恩师之子令狐绹早几年便高中进士，父子二人前途尽好。官道旁，李商隐看着风扬尘土，环顾着这座自己生活了不少时日的太原城，心中哀伤尤甚。

“罢，回乡吧。”李商隐看着空荡荡的前路，无奈道。

夕阳将他的身影拉得格外长，除却落寞，他身上再无其他。

比起离开家乡时的意气风发，返乡后的李商隐静默许多。打击是接踵而来的，尚且还处在落榜失意中的李商隐，回乡不久便得到了一个令他分外伤心的消息：昔日曾与他因诗结缘互生情愫，却又阴错阳差失约未见的姑娘，竟已被强娶成为他人妾。

李商隐既悔又恨，悔明明相爱却不能相守，恨昔日心上人如今所托非人，在满心伤痛中，他提笔写下《柳枝五首》：

花房与蜜脾，蜂雄蛱蝶雌。同时不同类，那复更相思。

本是丁香树，春条结始生。玉作弹棋局，中心亦不平。

嘉瓜引蔓长，碧玉冰寒浆。东陵虽五色，不忍值牙香。

柳枝井上蟠，莲叶浦中干。锦鳞与绣羽，水陆有伤残。

画屏绣步障，物物自成双。如何湖上望，只是见鸳鸯。

物物自成双，但李商隐如那柳枝一般，形影相吊。或许有些人错过便是一生，再回首时，只余懊悔与悲怆。

许是李商隐自己也觉得该出去走一走，挑了个恰好的时节，李商隐登上了王屋山学道。

山间风光和城中不同，立于高处，便可看见更广阔的天地。高山云海抚平了李商隐心中的那些不甘与落寞，李商隐越发勤学苦读，准备着下一次、再下一次的应试。

身边的好友感慨李商隐仕途曲折，踌躇着问他："义山兄，你既与令狐父子二人关系极好，怎的不去信一封，或许能得些助力也未可知啊。"

也许是出于入仕之心的迫切，李商隐最终给令狐绹写了一封信。这封信还是起了些作用，开成二年，李商隐终于中举，正式开始了他官场生涯的第一步。

04

但似乎，上天也有意和李商隐开玩笑。中举尚不到一年，恩师令狐楚辞世。

灵堂之上，李商隐强忍泪水，毕恭毕敬地为先师操持后事。殊不知，早有人在暗中观察他的一举一动。

令狐楚下葬后不久，一封拜帖送到了李商隐手上，竟是泾州节度使王茂元的纳才书，请李商隐做他的幕僚。收到这封信的李商隐非常开心，只觉得自己终于要转运了，得人赏识总好过仕途不顺，且他不久前才应博学宏词试不取。

"这是个机会，我不该错过了。"李商隐这般告诉自己。

几乎没有多想，李商隐当即前往泾州。

这个选择似乎不错，王茂元也确实对他很看重。

"李公子，王大人差小人前来寻你，此刻正在后院等着你呢。"小厮笑着跑来找他。

李商隐只当是王茂元又找他切磋文学，殊不知，待他到了后院，远远便听得银铃般的少女笑声。透过重重花影，依稀可见一个身姿曼妙的妙龄少女，正带着丫头扑蝶儿玩。

王茂元在亭中沏茶等他，见李商隐来，倒也没有兜圈子，很直白地问他："义山啊，我欲将小女晏媄许配与你，你意下如何啊？"

李商隐愣了许久，甚至在想，王茂元是否早就知道他心中对王晏媄的钦慕。

新婚之夜，李商隐半醒半醉时，想起了自己和王晏媄的初见。

那时他才刚到王府，正沉浸在和好友韩瞻重逢的喜悦中，此时韩瞻已是王茂元的女婿。故友叙话时，李商隐便看见韩瞻的妻子携着一位窈窕少女款款而来。

少女正是韩瞻的妻妹王晏媄，她明眸皓齿，知书达理，李商隐只看了她一眼，心中便荡起涟漪。如今佳人在侧，李商隐觉得，自己的人生，当真如意。

05

可有时候，往往不曾深思的事情，总会带来无法变更的结局。

和王晏媄的婚姻美满又幸福，得妻如此，对李商隐而言是大幸。可妻子的家世对李商隐来说，又是个大不幸。

李商隐因为这场婚姻，被卷入两党之争，在许多人看来，李商隐早已成了背弃恩师的小人。第二年的授官考试，复审中他被无故除名，晚了整一年才得到正经官职。但新官上任，迎接他的不是可以大展拳脚效命朝廷的机会，而是越来越多的磋磨与折辱。

本以高难饱，徒劳恨费声。

五更疏欲断，一树碧无情。

薄宦梗犹泛，故园芜已平。

烦君最相警，我亦举家清。

看着枝头鸣蝉，想着自身境况，李商隐提笔便写下了这一首《蝉》。

"我自有我的气节，这些磨难与打击，并不能将我击垮。"李商隐以诗明志，牵着爱妻的手，欲共同度过这段晦暗的时光。

可惜上天似乎格外不恩待他，在跻身权力阶层机会最好的时候，李商隐因为守孝三年，不得不闲居在家。此时他极为支持的李德裕正深受重用，李商隐也毫不遮掩地表达着对他的政治主张的支持，但等他守孝结束的时候，李德裕的辉煌时刻，已成明日黄花。

06

看着满庭落叶，李商隐只是长叹："上苍待我，刻薄啊。"

王晏媄看着丈夫落寞的背影，却无奈难以替他平分这心中的愁苦。江山换了帝王，属于李德裕的时刻已经过去，而曾被视为"叛徒"的李商隐，不仅再难靠近权力中心，而且要面对更多的排挤。

这一年，李商隐在秘书省任正字，官职不大，琐事繁多。

这日，李商隐如往常一般回到家中，却发现往日都会守在堂前等着自己的妻子不知下落，好一番寻找，才发现她正躺在卧榻上，面容苍白。

"可是有什么不舒服？你别笑啊，我去请郎中。"李商隐语气急切，抬步欲走。

王晏媄急忙叫住他："郎中刚走，义山，你要当父亲了。"

已经三十五岁的李商隐被这句话震得语无伦次，好半天才不敢置信地问："我要当父亲了？"

这或许是李商隐最幸福的一年，这一年他老来得子，堂弟高中。

但随之而来的，是他仕途的没落。

他丢了工作，穷困潦倒。此时的李商隐有妻有子，生活重担是他肩上不可推卸的责任。受现实压迫，李商隐想到昔日好友令狐绹，借诗向其陈情。

相见时难别亦难，东风无力百花残。

春蚕到死丝方尽，蜡炬成灰泪始干。

晓镜但愁云鬓改，夜吟应觉月光寒。

蓬山此去无多路，青鸟殷勤为探看。

这首看似书写有情之人缠绵悱恻却又相思不得的《无题》，更蕴藏着李商隐藏在诗中的痛苦、执着。诗中藏着李商隐对人世遭逢的深深感伤，也表达了李商隐对渺茫前途的不舍追求。只可惜，这首陈情诗最终不得回应。

无奈之下，李商隐只能自己考取了盩厔县尉一职。

“十年前，我是县尉，十年后依旧如此，这十年啊，可见我毫无长进。”李商隐自嘲一笑。

07

“义山啊，我知你胸有鸿鹄之志，不如与我一同前往巴蜀做些事儿吧。”

柳仲郢递来的橄榄枝，李商隐没有犹豫便接下了，这几年他在希望与失望中反复，上一次带给他希望的还是卢弘正，可惜仅仅一年多，卢弘正病故，李商隐苦等的仕途转机，也终究没有出现。到如今，李商隐已经无心再去追求官场的地位。

在四川的那几年，李商隐过得很不开心，郁郁寡欢时，最思念的还是故土与家人。

望着蜀地夜雨，李商隐作诗寄北，将心中的思念藏于诗中。

“君问归期未有期，巴山夜雨涨秋池。何当共剪西窗烛，却话巴山夜雨时。”李商隐低低吟诵着自己新写的诗句，脑中浮现的却是妻儿的样子。

这首《夜雨寄北》还未寄回家中，家书却先送到了李商隐手上。

李商隐读完家书，瘫坐在椅子上，抚面时才发现，自己早已满脸泪痕，哀痛难耐。

丧妻之事，让李商隐心中又痛又悔。回想和爱妻相濡以沫，互相扶持走过的岁月，李商隐心中更多的，是对妻子的亏欠。

他因仕途不顺四处奔波，陪伴妻子的时间太少，当他决心就此度过余生的时候，却发现那个要陪自己白头的人，再也不会出现在自己身边了。

李商隐狂饮杯中酒，任由发丝散乱，任由纸张皲皱，只想把胸中对亡妻的思念字字句句抒发出来。

锦瑟无端五十弦，一弦一柱思华年。

庄生晓梦迷蝴蝶，望帝春心托杜鹃。

沧海月明珠有泪，蓝田日暖玉生烟。

此情可待成追忆，只是当时已惘然。[1]

“此情可待成追忆，只是当时已惘然。”李商隐反复念着这句诗，任由那股苦涩之意在胸腔蔓延。

就这样浑浑噩噩地过了几年，李商隐回到了郑州闲居。缠绵病榻之时，他回想着他这一生，忽而就释然了。

不释然又如何呢，一步踏错，就再也绕不开命运的漩涡。可他也不觉得后悔，起码他这一生，曾得一心人，恩爱两不疑。

1 李商隐《锦瑟》。

三百年长安，皆在诗里

文/夏眠

今年X站百大UP主竞争特别激烈，因为各个区都出现了流量爆表的种子选手，所以不少选手直接组成了战队共同出战，让我们来看下各区的优秀选手。

家禽，尤其是鸡，是唐诗中出现频率最高的动物。《全唐诗》中一共有992首关于鸡的诗[1]，导致竞争非常激烈，甚至分出了田园派和贵族派。

田园派出战的选手有温庭筠，《商山早行》中的“鸡声茅店月，人迹板桥霜”，让文艺青年们疯狂为他打Call。

而目前田园派中得分最高的是杜甫的《羌村》——“群鸡正乱叫，客至鸡斗争。驱鸡上树木，始闻叩柴荆”。

群众表示：这首诗太有生活感了！自己家也是这个样子，一群鸡总是叫个不停，客人来时还在打架。爹娘脸上挂不住，直接把鸡轰到了树上去。等到世界都安静了，主客们便开始走起了流程：“哎呀，来都来了，还送什么东西，这么客气！”

再让我们把目光转向贵族派，贵族派以杜淹和王勃为代表，这两人的共性就是敢写，专业曝光贵族的娱乐项目——斗鸡。

杜淹的《咏寒食斗鸡应秦王教》就描述了这一盛况——“寒食东郊道，扬鞲竞出笼”，而其中打斗激烈到“飞毛遍绿野，洒血渍芳丛”。

1 诗人吟咏不忘“鸡”，《全唐诗》中藏千首。

王勃更敢写："牝晨而索家者有诛，不复同于彘畜；雌伏而败类者必杀，定当割以牛刀。"[1] 据说某个大佬觉得这篇文章是在挑拨自家的兄弟关系，因此将王勃赶出了王府。

虽然还不知道动物区最后由谁出战，但想必不会让各位观众失望。

1 大佬元稹

元稹的竞争力非常强，大家来看他的美妆解说文案《恨妆成》——"傅粉贵重重，施朱怜冉冉。柔鬟背额垂，丛鬓随钗敛。凝翠晕蛾眉，轻红拂花脸。满头行小梳，当面施圆靥"。

这就是大唐女子的化妆操作手册啊！打上一层粉底，抹匀两侧的胭脂，突出红润的美感，晕开细长弯曲的眉毛，用淡红色勾勒脸部的曲线，最后再贴上喜欢的面靥。

2 眉形新秀万楚

万楚虽然是我们新晋的 UP 主，但是人气上升迅速！尽管名字不出圈，但是他写的眉形和衣着搭配非常出圈——"眉黛夺将萱草色，红裙妒杀石榴花"[2]。

一句"红裙妒杀石榴花"，是不是很有艳压全场的霸气？

万楚也在直播中给出了贴心的解释："萱草色就是亮黄色，是大唐的流行色。盛唐时也很流行青黛眉，是螺子黛中一款非常稀有的色号——蛾绿，产于波斯，十分珍贵。目前市面上没有，要不大家找明朝的李时珍代购一下，他知道哪里有货。"

1　出自王勃《檄英王鸡》。

2　出自万楚《五日观妓》。

运动区分为男子组和女子组。

1 龙舟代言人刘禹锡PK张建峰

这两人的票数不相上下，让我们来看一下他们的参赛作品。

刘禹锡《竞渡曲》：“沅江五月平堤流，邑人相将浮彩舟。”

张建封《竞渡歌》：“五月五日天晴明，杨花绕江啼晓莺。”

两个人都以竞舟的时间作为开场，代入五月之景，再来看看他们描写的战况。

张建封以龙作比描绘出了战况的胶着：“鼓声三下红旗开，两龙跃出浮水来。棹影斡波飞万剑，鼓声劈浪鸣千雷。鼓声渐急标将近，两龙望标目如瞬。”

刘禹锡则更着重描写视听的盛况：“杨桴击节雷阗阗，乱流齐进声轰然。蛟龙得雨鬐鬣动，螮蝀饮河形影联。刺史临流褰翠帏，揭竿命爵分雄雌。”

看来这部分的描写还是难分高下啊。

但从最后的结果来看，还是刘禹锡更胜一筹，因为他把必杀技留到了最后。

一句融情于景的“曲终人散空愁暮，招屈亭前水东注”引起了众人的感伤，最终刘禹锡拿到了情感区的百大 UP 主门票！

2 女子马球VS女子足球VS女子射箭

正所谓“巾帼不让须眉”，女子组的表现也精彩绝伦。

这个组参赛的是由张籍带领的女子马球队——“廊下御厨分冷食，殿前香骑逐飞球”[1]。

杜甫带领的女子射箭队——“辇前才人带弓箭，白马嚼啮黄金勒。翻身向天仰

1 出自张籍《寒食内宴二首》。

射云，一笑正坠双飞翼”[1]。

还有王维带领的女子足球（蹴鞠）队——“蹴鞠屡过飞鸟上，秋千竞出垂杨里”[2]。

J U N Z I C H A N G A N L A I

没想到竞争最激烈的是知识区，看来大家都有一颗求知的心。

知识区外号“砖佬区”——在知识区随便丢块砖头，砸到的都是大佬，全是隐形低调的顶级选手。

1 韦应物

前几年网上特别流行写诗大会，流传最广的便是“我有一壶酒，足以慰风尘”。

事实上，这首诗的原作者是我们大唐诗人韦应物，这一句出自他的诗《简卢陟》，是写给他外甥卢陟的书信。

“可怜白雪曲，未遇知音人。恓惶戎旅下，蹉跎淮海滨。涧树含朝雨，山鸟哢馀春。我有一瓢酒，可以慰风尘。”

2 陈子昂

这位早逝的诗人，也是糖画的创始人，他有一首诗千古传唱，国民认知度极高——“前不见古人，后不见来者。念天地之悠悠，独怆然而涕下”[3]。

1 出自杜甫《哀江头》。

2 出自王维《寒食城东即事》。

3 陈子昂《登幽州台歌》。

3 元稹

美妆区大佬元稹再度出战知识区，本次是为了给自己辟个谣。元稹大佬对很多人只从字面上理解“贫贱夫妻百事哀”[1]这句诗的行为嗤之以鼻。

“这首诗好多人都理解错了，我写的不是夫妻没钱日子会过得很苦，恰好相反，我写的是和我共患难的妻子去世了，我十分想念她。诚知此恨人人有，贫贱夫妻百事哀。虽然生离死别是人间常有的事，但患难夫妻一旦永诀，真的是让人悲痛欲绝啊！”

4 杜甫

大佬杜甫告诉我们：“读书破万卷，下笔如有神。”[2]

而现在许多老师也会以此激励学生，只要你多读书，就能写出好文章。

杜甫亲自前来正名：“这两句诗不是因果关系，而是递进关系。勤奋很重要吗？或许吧，但我主要是想告诉你们我的才华。

“甫昔少年日，早充观国宾。读书破万卷，下笔如有神。赋料扬雄敌，诗看子建亲。”[3]

知道这是什么意思吗？这是杜甫在说：“我年少成名，读过万卷书，下笔仿若有神助，我的才华名贯古今，所有大佬都很欣赏我！”

1 出自元稹《遣悲怀三首·其二》。
2 出自杜甫《奉赠韦左丞丈二十二韵》。
3 出自杜甫《奉赠韦左丞丈二十二韵》。

「恋爱脑」唐朝诗人的情诗三百首

文/优富

正所谓“得成比目何辞死，愿作鸳鸯不羡仙”[1]，千百年来，爱情一直是人类不变的议题。作为诗的王朝，大唐建国近三百年内，无论是前期的锦绣成堆，还是后期的山河破碎，从来不乏写情诗的诗人。

入我相思门，知我相思苦。

长相思兮长相忆，短相思兮无穷极。[2]

诗仙李白一生潇洒肆意，可是一碰见感情的事情还是无可奈何。“

他经常白天还气冲斗牛地说：“仰天大笑出门去，我辈岂是蓬蒿人？”[3]可是晚上一回到家，独立窗前又想起了旧时爱侣，纠结半天，最后只能哀叹：“早知如此绊人心，何如当初莫相识。”[4]

无独有偶，一向严肃正经忧国忧民的白居易也经常为情所困。

白居易白天忙碌一天，观完刈麦还要写章表文书。夜间下了大雨，他独宿空堂，对着残灯孤影又提笔写起了情诗：

我有所念人，隔在远远乡。

我有所感事，结在深深肠。[5]

不过白居易的感情经历要比李白还要坎坷一些，吃尽

1 卢照邻《长安古意》。

2 李白《三五七言》，又称《秋风词》，此二句为本诗后三句中的前两句，存疑。

3 李白《南陵别儿童入京》。

4 李白《三五七言》，又称《秋风词》。

5 白居易《夜雨》。

了爱情的苦之后，他借着写怀古诗的名头吐露了自己的心声：

生亦惑，死亦惑，尤物惑人忘不得。

人非草木皆有情，不如不遇倾城色。[1]

如果李白和白居易能生在同一个时期，想必两个人一定会激动地握握手。

关于一见钟情

即便所有人都知道爱情是藏着刀子的糖，可总还有人前赴后继地扑过去。

韦庄就曾在《思帝乡》里面写过一个为了爱情不顾后果、勇往直前的女孩子。

春日游，杏花吹满头。陌上谁家年少，足风流。

妾拟将身嫁与，一生休。纵被无情弃，不能羞。

小姑娘在游春踏青的时候遇见一位风流倜傥仪态翩翩的少年郎，小姑娘对少年郎一见钟情，想要嫁给他。即便两人最后未必能有个好结局，但她还是不愿放弃。

人生本来就不是所有选择都会结善果，但总要试一试才不会后悔。

她知道自己很有可能会被抛弃，但是她不在乎。

曾被爱情伤得遍体鳞伤的白居易见多了这样的故事，上了年纪之后，他对这些冲动鲁莽的后辈愈发担忧。

妾弄青梅凭短墙，君骑白马傍垂杨。

墙头马上遥相顾，一见知君即断肠。[2]

不就是爱情吗，谁年轻的时候没有过？

可是完全不考虑后果的恋爱，等炽烈的爱意冷却，以后的日子要怎么度过呢？

本着自己曾经淋过雨，所以想给大家撑撑伞的原则，白居易经常会写诗劝诫这些沉迷爱情不能自拔的小姑娘："为君一日恩，误妾百年身。寄言痴小人家女，慎勿将身轻许人。"[3]

1 白居易《李夫人》。
2 白居易《井底引银瓶》。
3 白居易《井底引银瓶》。

恋爱可以谈，但是千万不能恋爱脑。

勇往直前可以，但是千万不能为了爱情不顾后果。

关于异地恋

无论是一见钟情还是青梅竹马，在进入爱情中后，都很容易遇见另一重相思的折磨——异地恋。

唐朝的出行和通讯远没有现在方便，许多情侣分处异地，就需要书信来往以诉衷肠。正因如此，异地恋的诗人们在情诗方面的产出数量是其他诗人的数倍。

一代女皇武则天年轻时也曾因与高宗李治相处异地而相思成疾。

看朱成碧思纷纷，憔悴支离为忆君。

不信比来长下泪，开箱验取石榴裙。[1]

武则天与李治分别已久，特地用箱子装了一件自己的石榴裙送给了李治。她说她最近很思念他，思念到憔悴支离。可能是因为最近哭得太多，以至于眼花心乱，五色不辨，竟将朱红色的石榴裙认作绿色。倘若郎君不信，可以打开箱子看一眼，看看石榴裙上是不是都是她的泪痕？

不独女皇，一代名相张九龄也曾写过这样刻骨相思的相思诗。

自君之出矣，不复理残机。

思君如满月，夜夜减清辉。[2]

自从丈夫远行之后，妻子夜不能眠，食不下咽，什么事情都没有心思做了。她深深的思念着自己的爱人，爱意仿佛天边皎皎的明月，但是却因为长久见不到爱人，所以一夜一夜地容光黯淡。

若说最深沉伤感的情诗，还得数李商隐笔下的《无题》：

相见时难别亦难，东风无力百花残。

春蚕到死丝方尽，蜡炬成灰泪始干。

1　武则天《如意娘》。

2　张九龄《赋得自君之出矣》。

晓镜但愁云鬓改，夜吟应觉月光寒。

蓬山此去无多路，青鸟殷勤为探看。

相见难得，别离难舍，思念已耗尽他的所有精力。他的情思就好比春蚕吐丝，至死方尽；好比蜡烛滴泪，形灭始干。思念让人彻夜难眠，让人形容憔悴，倘若天上的神鸟能懂得他的思念，应该也会帮他去远方探问爱人的消息。

他的爱意汹涌难抑，可是恋人偏偏相隔远天，这怎么能不让人心碎呢？

这几位诗人固然情深，可是相比王建《望夫石》中女郎，这些感情还是稍显克制。

望夫处，江悠悠。化为石，不回头。

上头日日风复雨。行人归来石应语。

其他的诗人们固然思念爱人，但是无非是立在栏杆前感叹“相思无因见，怅望凉风前”[1]，叹息完了抹抹眼泪，最多不过晚上少吃一顿饭。这情感固然令人心情郁结，但说到底不痛不痒，而《望夫石》中的女郎感情就丰沛的有些惊人了。

据传这位女郎是南北朝时期的武昌北山人，因为丈夫从军出征久不归乡，她便携弱子日日在丈夫离开的地方等候，不过丈夫自始至终都没有回来，她却在等待丈夫的漫长岁月里化为立石。

关于相守

在大唐的众多情诗之中也不全是爱人未能相守的伤感幽怨，还是有一些新人能顺利成婚，且没有相隔天涯的。朱庆馀就有一首《闺意》写的是新婚夫妇的甜蜜相处。

洞房昨夜停红烛，待晓堂前拜舅姑。

妆罢低声问夫婿，画眉深浅入时无？

一对小夫妻刚刚成婚，昨夜刚刚红绡帐暖洞房花烛，第二日一早丈夫就带着新娶的小媳妇去拜见父母。妻子对镜梳妆许久，装扮好之后扭过头问丈夫，她画的眉毛好不好看，公公婆婆会不会喜欢呢？

不过这首诗与其他的情诗有些不同。大家若以为诗人是个单纯写情侣间相处细

1　李白《折荷有赠》。

节的恋爱脑，那可就大错特错了。

朱庆馀当时正在准备科举考试，按当时的规矩，考生都会谒见上官呈上行卷诗。这首诗就是朱庆馀给当时的水部员外郎张籍的诗。他在诗中将自己比作新妇，小心试探上官对自己的心意。确实，比起这种挂羊头卖狗肉的情诗，真正的恋爱脑在和恋人相处时的状态就没有这么理想了。

为有云屏无限娇，凤城寒尽怕春宵。

无端嫁得金龟婿，辜负香衾事早朝。[1]

自则天女皇执政时朝廷改制，六品以上官员从佩鱼袋改为佩龟袋，只有三品以上高官才可以佩金龟袋。这首诗里的女郎嫁给了身份显赫的郎君，春宵苦短，夜寒衾冷，她很想丈夫再多陪伴她一会儿，所以在云母屏风后几度娇嗔。

可是丈夫既为高官，自当为国事辛劳，又怎能长久耽溺在闺房中？丈夫收拾好冠冕出门去上早朝了，独留女郎在房间里怅恨久之，埋怨丈夫的无情。说到这里，难免又有人埋怨女郎的恋爱脑，他们两个明明已经比大多数情侣幸运很多了。丈夫既不用为生计奔波，也不必去边疆服苦役，夫妻恩爱，两人可以日日相守，这还不够吗？

但是大家总是想获得更多的温暖与爱，谁又能例外呢？

关于永诀

“世间好物不坚牢，彩云易散琉璃脆”[2]，幸福的相守总是很短暂，越是美好的爱情似乎越难长久。除了生离，更令人断肠的莫过于死别了。

楼上残灯伴晓霜，独眠人起合欢床。

相思一夜情多少，地角天涯未是长。

诗人张仲素的《燕子楼》，便是以名妓关盼盼之口讲述关盼盼与爱人张愔的爱情故事，诗的名字就是关盼盼与张愔曾经相守的地方。

1 李商隐《为有》。

2 白居易《简简吟》。

张愔与关盼盼相知多年情深义重，张愔甚至为关盼盼建了一座燕子楼，预备和关盼盼在此地长相厮守。可张愔英年早逝，关盼盼为旧爱不肯改嫁，在燕子楼中独居十余年。其实爱人已经离开很多年了，但是关盼盼始终放不下他，一个人守着残灯寒霜住在空荡荡的小楼里。每日想着两个人的美好回忆，就足以支撑她活过余生。

元稹的发妻韦丛去世之后，元稹也为妻子写过许多的悼亡诗。其中最出名的可能就要数这首《离思》：

曾经沧海难为水，除却巫山不是云。

取次花丛懒回顾，半缘修道半缘君。

在看见过沧海和巫山之后，世间所有的水和云都是那么平庸。在遇见过她之后，世间所有的人都只是路人。诗人走过万花丛也不曾回过头，不仅是因为他高尚的品性，更主要的是他心中始终惦念逝去的爱人。

自君去后，天地失色。

这就是唐朝诗人的爱情。

图书在版编目（CIP）数据

君自长安来／古潮编著.—武汉：长江出版社，2022.10
ISBN 978-7-5492-8523-5
Ⅰ.①君… Ⅱ.①古… Ⅲ.①中国历史－唐代－通俗
读物 Ⅳ.①K242.09
中国版本图书馆CIP数据核字(2022)第181780号

君自长安来 / 古潮 编著

出　　版　长江出版社
　　　　　（武汉市解放大道1863号　邮政编码：430010）
选题策划　王　琼　陈　辉
市场发行　长江出版社发行部
网　　址　http://www.cjpress.com.cn
责任编辑　钟一丹
特约编辑　郭　昕　买嘉欣　龚伊勤
总 策 划　ZOO工作室
装帧设计　殷　悦　李梦君　张小威
印　　刷　武汉鸿印社科技有限公司
版　　次　2022年10月第1版
印　　次　2025年3月第12次印刷

开　　本　710mm×1120mm　1／16
印　　张　12.75个
字　　数　200千字
书　　号　ISBN 978-7-5492-8523-5
定　　价　45.00元

电话：027-82926557(总编室)　027-82926806(市场营销部)